NOSTRADAMUS
L'AVAIT PRÉDIT

DU MÊME AUTEUR

450 ans d'Histoire prédits – Nostradamus, Privat, 2006.

La Prophétie du nouveau pape, éditions du Rocher, 2005.

Nostradamus aura-t-il raison ?, éditions du Rocher, 2003.

Nostradamus, biographie et prophéties, J'ai Lu, 2003.

Nostradamus, médecin et prophète, éditions du Rocher, 2000.

Nostradamus, de 1999 à l'âge d'or, éditions du Rocher, 1999.

Monsieur de Nostradamus, Ramsay, 1997.

Nostradamus, nouvelles prophéties, Ramsay, 1995.

Nostradamus et Henry Miller, éditions du Rocher, 1994.

La Comète et les Prophéties, Michel Lafon, 1986.

La Prophétie des papes – Saint Malachie, éditions du Rocher, 1984.

Nostradamus, historien et prophète, tome II. Lettre à Henry, roy de France second, éditions du Rocher, 1982.

Nostradamus, historien et prophète. Les prophéties de 1555 à l'an 2000, éditions du Rocher, 1980.

JEAN-CHARLES DE FONTBRUNE

NOSTRADAMUS L'AVAIT PRÉDIT

éditions du
ROCHER

ISBN : 978 2 268 06759 9

À Michel Oliver,
sans lequel mes recherches sur Nostradamus
n'auraient probablement jamais été publiées.

AVERTISSEMENT

Étant donné les graves événements survenus au Pakistan, à la suite de l'assassinat de Benazir Bhutto le jeudi 27 décembre 2007, puis l'effondrement de la Bourse, la guerre dans le Caucase, en Irak, en Afghanistan, le danger que l'Iran fait courir à la paix, les troubles au Tibet et en Chine, j'ai repris mon exégèse pour la parfaire et la mettre à jour, afin d'avertir les hommes du danger d'une catastrophe annoncée, mais pas inéluctable !

Ce livre n'a pas pour objectif de semer la panique, mais il lance aux grands de ce monde le dernier avertissement de la prophétie de Nostradamus, avant la paix universelle, afin que, connaissant le schéma catastrophe qu'ils seraient capables de déclencher, ces derniers prennent les mesures qui s'imposent ; en effet, si les vingt plus grandes puissances de la planète s'unissent pour neutraliser tous les trublions et fauteurs de guerre, cet âge d'or annoncé par Nostradamus pourrait être établi immédiatement au lieu d'attendre 2026. Ce schéma optimiste passe par deux mesures essentielles : la destruction immédiate de tous les armements nucléaires et la constitution d'une « armée du monde » pour faire la police chez les fauteurs de guerre. La mondialisation ne doit pas être uniquement économique...

Je tiens à préciser que Nostradamus n'a jamais annoncé la fin du monde, mais celle d'un monde qui ouvrira sur une période de bonheur et de prospérité telle que l'homme n'en a jamais connue.

Depuis le mois de juillet 1999, des voyants importants ne cessent de s'allumer : ce sont les symptômes d'une maladie qui met en péril la vie même d'une société ; ils représentent le commencement de réalisation du schéma catastrophe de Nostradamus, et non de son exégète. Des signes précurseurs montrent un risque presque irréversible d'embrasement de la planète, si les puissants de ce monde rejettent, une fois encore, l'avertissement du prophète...

Les événements dans plusieurs pays du monde, cités plus haut, montrent qu'une situation peut changer du tout au tout en un ou en quelques jours. Un attentat, un assassinat ou un coup d'État peuvent faire basculer une situation que l'on croyait stable. Par exemple, dans mon premier livre sur Nostradamus publié en 1980, j'avais trouvé dans le texte prophétique la chute éventuelle du mur de Berlin. Aucun analyste, aucun géopoliticien ne pouvait, à ce moment-là, imaginer l'effondrement de l'équilibre décidé à Yalta entre la Russie et les puissances occidentales. On y trouvait également que l'Angleterre livrerait une bataille navale dans l'Atlantique : la guerre des Malouines fut la plus irrationnelle qu'on puisse imaginer.

Nostradamus m'a donc appris à regarder l'Histoire d'une façon souvent en contradiction avec les analyses officielles, même celles des meilleurs spécialistes en histoire, en économie ou en géopolitique.

Un exemple récent vient illustrer ce propos. Le 19 juillet 2008, j'avais été invité par le consul de Suisse à faire une conférence au consulat de Marseille pour l'association des Suisses de la cité phocéenne. Quatre-vingts personnes y assistaient ; je devrais dire quatre-vingts témoins. J'ai annoncé que je m'attendais à des troubles graves du côté de la Turquie au moment des Jeux olympiques. J'ai justifié cette assertion par le quatrain suivant, que j'ai traduit et commenté ainsi :

Centurie VII, quatrain 16

Au lieu que HIESON fait sa nef fabriquer,
Si grand déluge sera & si subite,
Qu'on aura lieu ne terres attaquer,
L'onde monter Fésulan Olympique.

Hiéson : Jésus, en grec. *Nef* : l'Église. *Déluge* : par analogie, catastrophe considérable. *L'onde* : au figuré, ensemble de personnes livrées à un mouvement tumultueux. *Monter* : augmenter, en moyen français. *Fésulan* : Phasélis, ville turque sur la Méditerranée, située en face de Rhodes ; Nostradamus désigne la Turquie par synecdoque, procédé de style par lequel on désigne la partie pour le tout – très souvent utilisé dans les centuries, comme, par exemple, la petite ville de Dénia pour l'Espagne ou l'Hircanie, ancienne province de Perse, pour l'Iran.

Nostradamus dit donc : le lieu où Jésus a bâti son Église (Rome ou Constantinople, aujourd'hui Istanbul), qui fut nommé la nouvelle Rome, verra une catastrophe si grave et si subite qu'on pourra dire que pas une terre ne sera épargnée, quand les troubles commenceront vers la Turquie au moment des Jeux olympiques.

La guerre en Géorgie a éclaté le 8 août 2008, le jour même de l'inauguration des Jeux olympiques. Jusqu'au démembrement de l'Empire ottoman, « la Géorgie se divisait en trois districts : le Carduel, le Kaketh et le Somketh. À ces trois provinces qui forment la Géorgie propre, longtemps appelée la Géorgie persane, il faut ajouter la Gourie, l'Iméréthie, la Mingrélie et le Souaneth qui composaient la Géorgie turque et qui appartiennent à la Russie[1] ».

Ce quatrain laisse penser que la guerre dans le Caucase n'est qu'un signe précurseur de la suite...

J'ai écrit cette dernière phrase en septembre 2008. Les troupes russes se sont alors retirées de Géorgie, laissant croire que l'accord obtenu à Moscou par le président français au nom de l'Union européenne allait être appliqué. Le 15 octobre, les Russes et les Géorgiens étaient à Genève pour des discussions. Ils ne se rencontrèrent pas, ne trouvant même pas un accord pour cela. Cet échec vient s'ajouter à la longue liste des conférences, des colloques, des discours sans effets positifs tenus dans cette ville au bord du lac Léman. En 1536, Genève, capitale du calvinisme, devient une petite république urbaine. La Société des nations y est installée en 1919 et sa première assemblée est tenue le 15 novembre 1920, donnant à cette cité un rôle international. En 1555, dans sa première centurie, au quatrain 47, Nostradamus écrivait : « Du lac Léman les sermons fâcheront... » Ce quatrain est traduit et commenté au premier chapitre.

Le lecteur trouvera en outre, au chapitre VIII, le récit de la publication de mon premier livre, *Nostradamus,*

1. *Dictionnaire d'Histoire* de Bouillet.

historien et prophète, en 1980. Cet ouvrage, auquel personne ne croyait et que personne ne voulait éditer, a eu en 1981 un tel succès qu'il en a été le best-seller de l'année !

Je publie également à la fin de l'ouvrage mon horoscope fait par le médecin qui m'a mis au monde en 1935, avec ma carte du ciel sur... une ordonnance ! Je suppose qu'il ne doit pas y avoir beaucoup de gens qui ont été mis au monde par un médecin astrologue, ce qu'était Nostradamus, à savoir qu'il dressait des horoscopes. Ce médecin de Sarlat en Périgord était un ami de mon père, également médecin. Il était passionné d'astronomie et utilisait ses connaissances en astrologie. Ce qui est le plus curieux, c'est qu'il reliait des succès littéraires à Nostradamus et allait bien au-delà de l'interprétation de la carte du ciel ; il ajoutait la mention « à mon fils César » ; autrement dit, c'était le fils et non le père, médecin comme Nostradamus... Mon destin était-il déjà inscrit dans cet horoscope peu banal ?

There are more things in heaven and earth,
Horatio, than are dreamt of in your philosophy.
« Il y a plus de choses dans le ciel et sur la terre,
Horatio, que n'en rêve votre philosophie. »
William Shakespeare, *Hamlet*, I, 5

Préface

Que ceux qui lisent ces vers réfléchissent selon leur nature :
Que la foule profane et ignorante ne s'en approche pas :
Que tous les astrologues, les sots et les barbares s'en éloignent,
Que celui qui fait autrement soit sacré selon le rite[1].

L'Occident est confronté à une guerre qui ne veut pas dire son nom, et qui, par voie de conséquence, est qualifiée de « guerre contre le terrorisme », pour rester « politiquement correct » ! Dire qu'il s'agit d'une guerre entre l'Islam et l'Occident conduit à se faire taxer d'islamophobie ; accusation portée contre Nostradamus et son traducteur. Je conseille donc la lecture de deux livres récents. Le premier porte comme titre *L'Iran dans la Troisième Guerre mondiale*[2]. Voici le compte-rendu qu'en fait Charles-Henri d'Andigné dans le *Figaro Magazine* du 14 janvier 2006 : « Où va l'Iran ? Depuis l'élection de Mahmoud Ahmadinejad, le 24 juin 2005, à la tête de cette puissance du Moyen-Orient, le monde s'interroge. Sa volonté de se doter de l'arme nucléaire, au mépris des Nations unies, ne laisse

1. Nostradamus (il s'agit du seul quatrain en latin placé au milieu des centuries, entre la VIe et la XIIe).
2. Laurent Artur du Plessis, *L'Iran dans la Troisième Guerre mondiale*, éditions Jean-Cyrille Godefroy, 2005.

pas d'inquiéter. De même que les furieuses déclarations de son président sur Israël. Pour le géopoliticien Laurent Artur du Plessis, nous sommes entrés dans un engrenage implacable : le jour où l'Iran aura la bombe atomique, ce qui ne saurait tarder, il fera peser sur l'État juif une menace insupportable, obligeant les États-Unis à bombarder les équipements nucléaires iraniens ! Ce sera le début de la Troisième Guerre mondiale, prévient l'auteur. Anticipation hasardeuse ou analyse lucide ? Ce livre permet en tout cas de mieux comprendre le jeu actuel de l'Iran dans l'échiquier mondial. »

Voilà une prospective rationnelle qui rejoint la prophétie et « colle » étrangement au schéma que j'ai découvert dans Nostradamus, il y a de nombreuses années déjà. Ce n'en est que plus inquiétant.

Le second ouvrage, de Thierry Wolton, dont le titre évocateur est *4e Guerre mondiale*, est analysé par Thomas La Noue dans *Sud-Ouest* du 16 janvier 2006 sous le titre « L'héritage éclaté du prophète » (Mahomet et non Nostradamus !). Avec comme sous-titre « L'irruption de l'islamisme radical sur la scène internationale et ses conséquences », ce journaliste écrit : « [...] Wolton ne croit pas au choc des civilisations, l'Islam étant aujourd'hui trop diversifié et divisé. En revanche, il est convaincu que les scénarios catastrophes qui fleurissent ici ou là ne sont pas dépourvus de fondement, et que des actions contre l'Occident, du type Twin Towers ou attentats de Madrid ou de Londres, ne sont pas à écarter et sont pratiquement impossibles à prévenir... »

Une autre lecture complète le sujet. La revue *Archéologie et sciences des origines* consacre un numéro à

« L'Arabie chrétienne [1] ». « Jusqu'à l'arrivée de Mahomet (622 : an I de l'Hégire), ce vaste territoire englobait la Palestine, le Liban, le Yémen, la Syrie. Il était constellé d'églises, de sanctuaires dont il ne reste que quelques ruines et mosaïques. La plupart des bâtiments chrétiens étaient dédiés à saint Serge qui, à cause de son refus de renier sa foi, fut torturé par les Romains et mourut en martyr. On apprend qu'avant l'arrivée du "prophète" de l'islam, les chrétiens furent ensuite persécutés par les Perses ; puis, en 517, un certain Yûsuf se convertit au judaïsme pour s'emparer de Najran, en Arabie du Sud. Il attaque la capitale Zafar où il massacre la garnison éthiopienne (chrétienne) et transforme les églises en synagogues. »

En 1973, Alfred Sauvy écrivait dans *Croissance zéro ?* : « L'histoire de l'homme ne s'est jamais déroulée de façon rationnelle. » Pour illustrer cette assertion, je prendrai trois exemples. Imaginons qu'un voyant « extra-lucide » annonce, en 1938, l'arrivée au pouvoir d'un vieux militaire qui remplacerait la IIIe République par un État français et qui changerait les trois mots qu'on croyait intangibles : « Liberté, Égalité, Fraternité » par « Travail, Famille, Patrie » ; le devin aurait eu quelque chance de se voir interné pour délire. Pourtant, c'est ce que l'histoire a retenu !

Deuxième exemple : comme je l'ai précisé précédemment, dans mon livre édité en 1980, on pouvait lire « grande bataille navale pour l'Angleterre dans l'Atlantique » ; qui aurait pu imaginer une guerre aussi stupide et irrationnelle que la guerre des Malouines (Falklands,

1. Dossiers n° 309 (décembre 2005-janvier 2006).

mai-juin 1982), au cours de laquelle dix navires de guerre britanniques furent coulés par des Exocet français livrés aux Argentins ! Et cela pour récupérer un tas de cailloux inhospitalier perdu dans l'Atlantique. Où est donc la prétendue rationalité de l'homme dans un tel événement ?

Le troisième exemple se trouve dans le titre du livre de Sauvy, *Croissance zéro ?*, car, avec la crise économique mondiale, les bourses et la croissance – ce maître mot du veau d'or – sont en chute libre ; ces deux paramètres sonneraient-ils le tocsin du capitalisme après la chute du communisme en 1990 ?

Le titre du livre d'Alfred Sauvy, au regard de la situation actuelle de l'économie mondiale, avait un soupçon de souffle prophétique.

En 1982, je publiais ma traduction et l'explication du second texte en prose de l'œuvre prophétique de Nostradamus : la *Lettre à Henry, roy de France second.* Nostradamus y annonçait une pandémie qui ferait disparaître plus des deux tiers de l'humanité, « Dame Nature » sauvant ainsi la planète surpeuplée et polluante.

Le Figaro du 23 novembre 2005 illustrait parfaitement ce risque, car, sous le titre « Quand la rumeur rend malade de peur », on pouvait lire : « Psychose collective. L'épidémie de grippe aviaire, à défaut de gagner le pays, a révélé des peurs sociétales latentes. La vitesse de formation et de propagation des rumeurs est symptomatique, selon les psychologues, d'une société angoissée qui peine à déchiffrer les changements du monde actuel. »

Les prophètes (les vrais) dérangent tous les pouvoirs qui décident *a priori* et sans la moindre preuve que l'avenir n'est pas prévisible. La sagesse de tous les potentats serait de mettre en pratique la phrase d'Henri Poincaré : « Douter de tout ou tout croire, ce sont deux attitudes également commodes qui, l'une et l'autre, nous dispensent de réfléchir. »

Les vrais prophètes ont toujours été rejetés et persécutés comme oiseaux de mauvais augure. C'est pourquoi leurs prophéties se réalisent, non parce qu'elles sont inéluctables, mais parce qu'elles ne sont pas prises en compte ; en voici quelques exemples :

En 610 avant J.-C., Jérémie, le prophète, annonce à Sédécias, roi de Juda, que, si l'on n'y prend garde, le peuple juif sera emmené en captivité à Babylone et Jérusalem sera détruite. Sédécias, furieux qu'on lui annonce sa chute, fait mettre Jérémie en prison. Quinze ans plus tard, Nabuchodonosor II s'empare du peuple juif et le met en captivité à Babylone. Jérémie et Ezéchiel sont au nombre des captifs. Sédécias est jeté en prison et le roi de Babylone lui fait crever les yeux. En 587, Jérusalem est détruite.

Dans l'histoire dite profane, un autre exemple illustre ce rejet des prophéties par les puissants. Lorsque Agamemnon arrive sous les murs de Troie avec son illustre cheval bourré d'hoplites, la jolie fille de Priam prévient son père que, s'il fait entrer le cheval dans les murs de Troie, la ville sera détruite. Priam fait exiler sa fille comme oiseau de mauvais augure ! Virgile a rapporté l'événement dans *L'Enéide* : *« Timeo Danaos et dona ferentes »* (« Je redoute les Grecs, surtout quand ils apportent des présents »).

Pour compléter cette « philosophie » de la prophétie, il faut noter un cas, celui de Jonas et de Ninive : le message ayant été pris en compte, la catastrophe annoncée ne s'est pas produite.

« [1] La parole de l'Éternel fut adressée à Jonas une seconde fois, en ces mots : [2] Lève-toi, va à Ninive, la grande ville, et proclames-y la publication que je t'ordonne ! [3] Et Jonas se leva, et alla à Ninive, selon la parole de l'Éternel. Or Ninive était une très grande ville, de trois jours de marche. [4] Jonas fit d'abord dans la ville une journée de marche ; il criait et disait : Encore quarante jours, et Ninive est détruite ! [5] Les gens de Ninive crurent à Dieu, ils publièrent un jeûne, et se revêtirent de sacs, depuis les plus grands jusqu'aux plus petits. [6] La chose parvint au roi de Ninive ; il se leva de son trône, ôta son manteau, se couvrit d'un sac, et s'assit sur la cendre. [7] Et il fit faire dans Ninive cette publication, par ordre du roi et de ses grands ; Que les hommes et les bêtes, les bœufs et les brebis, ne goûtent de rien, ne paissent point, et ne boivent point d'eau ! [8] Que les hommes et les bêtes soient couverts de sacs, qu'ils crient à Dieu avec force, et qu'ils reviennent tous de leur mauvaise voie et des actes de violence dont leurs mains sont coupables ! [9] Qui sait si Dieu ne reviendra pas et ne se repentira pas, et s'il ne renoncera pas à son ardente colère, en sorte que nous ne périssions point ? [10] Dieu vit qu'ils agissaient ainsi et qu'ils revenaient de leur mauvaise voie. Alors Dieu se repentit du mal qu'il avait résolu de leur faire, et il ne le fit pas. » (*Les Prophètes*, Jonas 3.)

Chapitre 1

LES SIGNES PRÉCURSEURS D'UNE GRANDE CONFLAGRATION

Bourse – Famine – Sectes – Corruption – Maladie de la vache folle – Sécheresse – 11 septembre – Ben Laden – Guerre en Irak – Un pape allemand

La crise économique – La Bourse

Les soubresauts boursiers des années 1929, 1978 et 1999 n'étaient que les signes précurseurs de l'effondrement du système en 2008. Plusieurs quatrains que le lecteur trouvera plus loin concernent cet événement qui remet en cause tout le système capitaliste.

La crise boursière et financière qui secoue surtout les puissances occidentales était annoncée dans mon premier livre en... 1980. Sous le titre « Derrière la crise financière », Patrick Berthomeau écrivait dans *Sud-Ouest* du 2 octobre 2008 un éditorial peu optimiste : « Pendant qu'hier les États-Unis étaient suspendus au vote du Congrès, une activité vibrionnante régnait à Paris et en Europe. Le déferlement brutal d'une crise tellement redoutée que personne ne voulait la voir venir [sauf Nostradamus et son traducteur !] a, en quelques jours, mis cul par-dessus tête la finance, l'économie et la politique. [...] Le prix à payer pèsera sur les nations et en premier lieu sur les plus pauvres [famine annoncée par Nostradamus], celles qui étaient pourtant exclues du jeu et ne peuvent pas compter sur leurs propres ressources. Il pèsera sur les relations internationales. Vladimir Poutine, pas mécontent de lancer des pierres dans le jardin atlantique, vient de pointer la responsabilité américaine, prêt à demander des comptes. Si les Indiens craignent pour leur croissance, les Chinois restent pour l'instant silencieux et se gardent bien de réévaluer leur monnaie. Qu'adviendrait-il s'ils se décidaient à brader les quantités de bons du Trésor américain qu'ils détiennent ? Les enjeux de la crise ne se limitent plus à la sphère financière. » Voilà un discours tout à fait « nostradamique » !

La Bourse et la ruine des épargnants en 2008 – Les citoyens trompés par les élus

VII, 35

La grande poche viendra plaindre & pleurer,
D'avoir esleu : trompez seront en l'aage
Guière avec eux ne voudra demeurer,
Deceu sera par ceux de son langage.

On viendra se plaindre et pleurer la Bourse. On regrettera d'avoir élu des gens qui tromperont l'opinion publique et bien peu voudront continuer à demeurer avec eux, déçus qu'ils seront par leurs discours politiques.

Il est saisissant de voir Nostradamus désigner la Bourse par l'expression la « grande poche », c'est-à-dire l'endroit où l'on place l'argent.

L'effondrement de la Bourse en 2008 a ruiné des petits épargnants qui ont perdu jusqu'à 60 % de leur capital.

Dans son éditorial, Patrick Berthomeau utilise le vocabulaire employé pour cette crise par Nostradamus en 1555 : « Face à une opinion passablement désorientée, qui ne sait plus trop à quel expert ou gouvernement se fier, qu'est-ce qui peut être tenu aujourd'hui pour *un langage de vérité* ? »

L'effondrement des valeurs « papier » – La fin du capitalisme ?

VIII, 28

Les simulachres d'or & d'argent enflez,
Qu'après le rapt lac au feu furent jettez,
Au descouvert estaincts tous & troublez,
Au marbre escripts, perscripts interjettez.

Lac : en latin, lait, douceur. *Perscribere* : en latin, payer en billet.

Les imitations de l'or et de l'argent (titres et billets de banque) seront victimes de l'inflation après avoir été jetées au *feu* (allusion au feu de la guerre ?) avec la fin de la douceur de vivre et seront tous épuisés et perturbés par le déficit budgétaire (le découvert) ; les titres et les billets de banque seront mis au pilon.

Ce vol du confort apporté par la société de consommation est concrétisé par les « nouveaux pauvres », les SDF et les RMIstes.

Les énormes déficits et crédits des États – Les scandales financiers

VIII, 14

Le grand crédit, d'or d'argent l'abondance,
Aveuglera par libide l'honneur :
Cogneu sera d'adultère l'offence,
Qui parviendra à son grand déshonneur.

Libido : corruption, désir.

L'abondance du crédit de l'argent (Fonds monétaire international et déficit de la balance des paiements américaine, énorme déficit de la France) effacera le sens de l'honneur par la corruption. Ces tromperies et ces offenses seront connues de l'opinion publique et conduiront au grand déshonneur de leurs auteurs.

Voilà qui décrit bien le climat de scandales financiers de toutes sortes que nous connaissons depuis quelques années. Quant à l'abondance du crédit et de la masse monétaire en circulation, elle a étranglé les pays en voie de développement et menace d'explosion le système monétaire international.

Mépris des hommes politiques – Soulèvement des banlieues en 2005 – La région parisienne en plein désarroi

VI, 23

Despit de règne numismes descriés,
Et seront peuples esmeus contre leur Roy:
Paix, fait nouveau, sainctes lois empirées
Rapis onc fut en si tres dur arroy.

Despit: mépris, en vieux français. *Nomisma*: pièce de monnaie. *Descrier*: déprécier. *Esmuer*: se soulever. *Rapis*: anagramme de Paris.

Le pouvoir sera méprisé à cause de la dépréciation de la monnaie et les peuples se soulèveront contre leur chef d'État. On parlera de paix, ce qui constituera un fait nouveau (conférence de paix entre Israéliens et Arabes), les lois morales seront corrompues (augmentation de la criminalité) et jamais auparavant on avait vu Paris dans un tel désarroi.

Ce texte décrit bien le climat actuel de la France. La Bourse au plus bas, les impôts impossibles à réduire à cause du déficit, la pollution de l'air; le vandalisme dans les banlieues, les attentats de l'intégrisme islamique, la mise en état de siège (plan Vigipirate de la capitale et des grandes villes du pays) sont autant de voyants qui se sont allumés. Jamais Paris n'a été dans un tel désarroi à cause du climat d'insécurité que font régner les terroristes et autres « casseurs ».

Discours creux des politiques – La violence remplace le bien-être

III, 26

Les Rois et Princes dresseront simulachres,
Augures, creux eslevez aruspices :
Corne victime dorée, & d'azur, d'acres
Interpretez seront les exstipices.

Harupex et *augur* : en latin, prophète, devin. *Azur* : au figuré, douceur, calme. *Acre* (latin : *acer*) : dur, violent. *Interprétez* (latin : *interpretari*) : comprendre, interpréter. *Extipex* : en latin, devin.

Des chefs d'État et de gouvernement feront des imitations (planche à billets et titres de Bourse – masse énorme de dollars et de bons du Trésor américain en circulation). Les hommes politiques joueront aux prophètes et feront des prévisions sans fondement ; la société de consommation (corne dorée) en sera victime et la violence remplacera la douceur de vivre. Les prophéties (de Nostradamus) seront comprises.

Nostradamus prophète... au Canada

Radio Canada, le 18 mai 1999, faisait une émission sur Nostradamus sous le titre « Nostradamus, Fontbrune et l'économie ». La crise majeure dont il était question dans cette émission était annoncée comme à venir ; aujourd'hui, nous y sommes !

Nous en reproduisons un passage ci-dessous :

Reconnaissez-vous ce texte sibyllin ?

Les simulachres d'or et d'argent enflez,
Qu'après le rapt lac au feu furent jettez,
Au descouvert estaincts tous & troublez,
Au marbre escripts, perscripts interjettez.

Il s'agit bien sûr des centuries du fameux Nostradamus.

Je ne sais pas pourquoi je me laisse toujours tenter par son délire car, finalement, cela tient un peu du délire, ces prédictions à long terme.

Il y a plusieurs années de cela, j'ai rencontré Jean-Charles de Fontbrune qui, dans les années 1980, avait écrit plusieurs ouvrages sur Nostradamus et déchiffré, à sa manière, certains passages de ses textes. Il avait d'ailleurs eu beaucoup de succès. Des années plus tard, nous avons participé ensemble à des congrès, des colloques sur l'avenir de l'humanité, sur l'ère du Verseau, etc.

Il vient de faire paraître : *Nostradamus, de 1999 à l'âge d'or*. Je précise qu'il ne fait pas partie de ceux qui croient qu'on se dirige vers la fin du monde, d'où le titre. « Depuis le succès du livre portant sur Nostradamus, en 1981, un certain nombre de maniaques du sensationnalisme et d'exploiteurs du morbide s'évertuent à annoncer la fin du monde en utilisant les prophéties de Nostradamus », rappelle-t-il. Je me souviens qu'il dénonçait cette utilisation douteuse des centuries dans son premier ouvrage. Sa vision est optimiste quant à l'avenir, et peut-être s'appuie-t-elle sur ces paroles de Nostradamus :

« Va s'ouvrir alors, dans une cinquantaine d'années, le septième millénaire ou ère du Verseau qui apportera à l'homme la paix universelle et la prospérité tant spirituelle que matérielle. »

Je n'accorde pas plus d'importance à cela qu'il ne faut, mais je dois dire qu'à certains moments – est-ce la traduction ou l'adaptation ou les interprétations qu'en fait Jean-Charles de Fontbrune ? – je suis très épaté de certains des dires prétendus de Nostradamus : « L'un des signes les plus patents de la situation de la planète, sur lesquels Nostradamus insiste particulièrement, est la crise économique mondiale, explique l'auteur. Les soubresauts des différentes Bourses et leur fragilité face aux fluctuations des monnaies annoncent leur effondrement et la crise majeure à venir. »

Ce qu'il raconte est bien étonnant :

La grande poche viendra plaindre & pleurer,
D'avoir esleu : trompez seront en aage :
Guière avec eux ne voudra demeurer,
Deceu sera par ceux de son langage.

Qu'est-ce que cela peut bien vouloir dire ? Moi aussi, je me pose la question... Voici comment Fontbrune interprète cela : « Il est saisissant de voir Nostradamus désigner la Bourse par l'expression "la grande poche", c'est-à-dire l'endroit où se place l'argent. On viendra donc se plaindre et pleurer à la Bourse. On regrettera d'avoir élu des gens qui tromperont l'opinion publique et bien peu de gens voudront continuer à demeurer avec eux. »

Il replace tout dans le contexte actuel, bien sûr, c'est ce que certains lui reprochent d'ailleurs.

Fontbrune a hérité de toute une réflexion qui existait déjà chez lui dans la tradition familiale, car son père était un spécialiste de Nostradamus.

Puis il a travaillé avec des ordinateurs pour voir comment les mots se combinaient, comment les formules se développaient, etc. Ce qui ne donne pas plus de poids à l'affaire, mais ça apporte plus de sérieux à la technique, pourrions-nous dire.

« Le quatrain suivant, explique-t-il, a été attribué à tort, par la plupart des exégètes, à la crise économique de 1929. En effet, Nostradamus précise que tous les papiers (titres de Bourse) et toutes les monnaies s'effondreront, ce qui ne s'est pas produit en 1929. » Voici le quatrain en question :

Les simulachres d'or et d'argent
(c'est-à-dire ce qui tient lieu d'or et d'argent,
soit les chèques, les devises, la Bourse, etc.) enflez,
Qu'après le rapt lac au feu furent jettez,
Au descouvert estaincts tous & troublez,
Au marbre escripts, perscripts, interjettez.

D'après Fontbrune : « Les imitations de l'or et de l'argent (titres et billets de banque) seront victimes de l'inflation après avoir été jetées au feu (allusion au feu de la guerre ?) avec la fin de la douceur de vivre (*Lac*, le lait en latin) et seront tous épuisés et perturbés par le déficit (budgétaire : le découvert) ; les titres et les billets de banque (*perscribere* en latin : payer en billets) seront mis au pilon. »

Je dois dire qu'à certains moments c'est assez troublant, mais c'est tout ce que je vous en dirai, car je ne veux pas m'aventurer davantage dans ce domaine-là...

La famine

Neuf quatrains et un sixain comportent le mot famine. Huit des neuf quatrains et le sixain se rapportent à notre époque, parce que, comme l'ont rapporté les médias, il s'agit d'une famine universelle, une catastrophe annoncée !

Le 5 mai 2008, un article du *Monde diplomatique* citait la déclaration d'Olivier Schutter, rapporteur des Nations unies sur le droit à l'alimentation : « Beaucoup criaient dans le désert depuis des années pour qu'on soutienne l'agriculture dans les pays en développement. Rien n'a été fait contre la spéculation sur les matières premières, les investisseurs se repliaient sur les marchés. [...] Les plans d'ajustement structurel du Fonds monétaire international ont poussé les pays les plus endettés, notamment en Afrique subsaharienne, à développer des cultures d'exportation et à importer la nourriture qu'ils consommaient. Cette libéralisation les a rendus vulnérables à la volatilité des prix. »

Nostradamus a fort bien vu la mondialisation de la guerre et de la famine. Ainsi cette famine universelle doit déboucher sur... la paix universelle !

I, 67

La grande famine que je sens approcher,
Souvent tourner, puis être universelle,
Si grande et longue qu'on viendra arracher
Du bois racine, & l'enfant de mamelle.

La grande famine que je sens approcher touchera souvent beaucoup de pays avant de devenir universelle ; elle sera si importante et si longue qu'on viendra arracher les racines des arbres (pour manger) et l'enfant du sein de sa mère.

Peinture saisissante de la famine qui ravage actuellement la terre. *« Arracher l'enfant de mamelle »*, dit Nostradamus. Qui n'a vu à la télévision ces mères somaliennes ou éthiopiennes, les seins vidés par la cachexie, incapables de nourrir leur progéniture ? Ce quatrain indique donc que la famine fera des poussées intermittentes avant de gagner la terre entière.

Le point de vue de Michel Barnier, ministre français de l'Agriculture, n'est pas entièrement différent, bien que lui défende la politique agricole de l'Union européenne, souvent mise en cause, en Afrique notamment : « Le choix de cultures d'exportation dans les pays pauvres a détruit les cultures vivrières et fait disparaître les paysans. [...] Mettre en compétition des agriculteurs dont les niveaux de compétitivité varient de 1 à 1 000, c'est à coup sûr condamner les plus pauvres[1] ». L'analyse du rapporteur spécial des Nations unies sur le droit à l'alimentation ne semble pas avoir convaincu les États-Unis davantage que celle du ministre français. Répondant à Michel Barnier dans *Les Échos*, l'ambassadeur américain à Paris, Craig Stapleton, préfère imputer la crise alimentaire à « certains pays producteurs de céréales [qui] ont choisi de restreindre leurs exportations, exacerbant la tension sur l'offre ». Après avoir fait l'éloge du maïs génétiquement modifié qui, estime-t-il, « pourrait augmenter la production agricole dans les régions arides », il prescrit : « En fait, le moyen le plus efficace pour inciter à produire plus, dans les pays développés comme dans les pays en voie de développement, serait de réduire les distorsions commerciales. » Ce genre d'ordonnance s'abrite derrière un avis de Dominique Strauss-Kahn, directeur général du Fonds monétaire international, qui semble avoir enchanté Washington : « Personne ne devrait oublier que toutes les nations comptent sur le libre-échange pour nourrir leur population[2]. »

Comme le souligne ironiquement un vieux dicton américain, quand on ne dispose que d'un marteau, le monde ressemble forcément à un clou...

---

1. Michel Barnier, « Agriculture : pas question d'autarcie », in *Les Échos*, 2-3 mai 2008.
2. Craig Stapelton, « Agriculture, pas question de limites aux échanges », in *Les Échos*.

Sécheresse et canicule en 2003

Sous le titre « Sécheresse : les réserves sont au plus bas », *Le Quotidien du médecin* (n° 4958 du 29 avril 1992) écrivait : « Clermont-Ferrand (le cœur de la France) était à la mi-mars, selon les spécialistes météo, la ville la plus sèche de France, avec un déficit pluviométrique jamais atteint depuis que les relevés existent, soit depuis cent trente-quatre ans. » Ce journal cite ensuite une déclaration de Philippe Mérillon, le « Monsieur Sécheresse » au ministère de l'Environnement : « L'an dernier, juin avait été correctement pluvieux, mais, à partir de juillet, les mesures de limitation d'utilisation de l'eau touchaient quarante départements. »

À l'échelon planétaire, le seul exemple de l'Afrique est significatif : depuis cinquante ans, 650 000 km^2 (plus que la superficie de la France) sont devenus déserts.

Voici donc les quatrains que l'on peut attribuer à cette sécheresse exceptionnelle, parce que nous avons la preuve scientifique qu'il y en a eu une identique ou plus importante, il y a 650 000 ans.

Sécheresse – Tremblements de terre en Asie – Tsunami du 26 septembre 2004 – Pakistan en 2005

III, 3

Mars et Mercure, & l'argent joint ensemble,
Vers le Midy extreme siccité :
Au fond d'Asie on dira terre tremble,
Corinthe, Ephèse lors en perplexité.

La guerre (Mars, dieu de la guerre) (dans les Balkans et le Caucase), la corruption (Mercure, dieu des voleurs) et le pouvoir de l'argent régneront ensemble ; durant une conjonction Mars-Mercure-Jupiter, la terre tremblera en Asie ; il y aura une grande sécheresse vers le midi ; la Grèce et la Turquie auront un problème (affaire de Chypre ?).

Le premier vers de ce quatrain comporte une double signification : astronomique et symbolique. Sur le plan astronomique, il indique une conjonction Mars, Mercure et Jupiter qui a eu lieu le 27 septembre 2004. Au XVIe siècle, l'année commençait en mars, ce qui nous conduit au 26 décembre selon le calendrier julien. Pendant cette conjonction, il y aura un grand tremblement de terre en Asie. Sous le titre « Grèce-Turquie, turbulences », *L'Express* du 17 juin 1995 écrivait : « La Turquie et la Grèce qui se regardent en chiens de faïence depuis des lustres se livrent à une nouvelle surenchère à propos de leurs eaux territoriales. À la clé : des manœuvres navales et les "pouvoirs de guerre" du gouvernement turc qui viennent d'être votés par le Parlement d'Ankara, au grand dam d'Athènes. La tension entre les deux frères ennemis de la mer Égée est ainsi brusquement montée. » Par ailleurs, on pouvait lire dans *Le Monde* du 31 mai 1995, sous le titre « Islam, version turque » : « La Turquie est le théâtre de la montée de l'islamisme qui s'est concrétisée, il y a un an, par la victoire d'un parti religieux aux élections municipales. Le phénomène a provoqué des frictions dans ce pays, pionnier de la laïcité dans le monde musulman... Si l'obscurantisme arrive au pouvoir, c'est la fin de la République. La Turquie est en danger. » La victoire écrasante du parti néo-islamiste

Justice et Développement (AKP), aux élections législatives du 3 novembre 2002, est venue renforcer les propos du *Monde* de 1995. Le leader de ce parti, Recep Tayyip Erdogan, maintenant à la tête de ce pays, avait été condamné pour « incitation à la haine religieuse »...

La Turquie devant basculer contre l'Occident, on comprend l'importance de cette montée de l'intégrisme islamique dans ce pays, verrou stratégique entre l'Europe et l'Asie.

Les sectes

Dans le n° 4957 d'avril 1992 du *Quotidien du médecin*, on pouvait lire, sous la plume de Philippe Roy : « Tout fout le camp. La famille part en morceaux. L'école démissionne. Les villes se font banlieues, froides, déshumanisées. L'individu se recroqueville sur lui-même. L'argent, rien que l'argent, avec son cortège d'exclus, de laissés-pour-compte. Pour les quelque deux cent cinquante sectes installées en France, fidélisant cinq cent mille personnes, un tel contexte vaut de l'or. »

Voilà bien une description de fin de civilisation. Les sectes en sont l'un des symptômes les plus criants. Nostradamus ne pouvait ignorer ce phénomène. Il y a donc consacré plusieurs quatrains qui laissent à penser qu'il a véritablement « vu », entre autres, les monuments du Mandarom à Castellane dans les Alpes-de-Haute-Provence.

Aux États-Unis, on dénombre plus de six cents sectes, près de quatre cents rien qu'à Berlin, cent trente en Russie ; l'Église de scientologie compte trois cent mille membres en Allemagne ; les sectes auraient déjà recruté dix mille fidèles en Hongrie. Toute la civilisation chrétienne est atteinte par cette pullulation, et même le Japon où l'on a vu l'horreur et la terreur provoquées par la secte Aum qui a répandu un gaz mortel dans le métro de Tokyo.

I, 45

Secteur de sectes grand peine au délateur,
Beste en theatre, dresse le jeu scenique,
Du faict antique ennobly l'inventeur,
Par secte monde confus et schismatique.

Secteur (latin : *sector*) : pourchasser. *Délateur* (latin : *delator*) : dénonciateur, accusateur. *Théâtre* (latin : *theatrum*) : réunion. *Inventeur* (latin : *inventor*) : auteur.

Les sectes et leurs gourous seront dénoncés difficilement. Des gens stupides en réunion organiseront la mise en scène (*jeux scéniques*, représentations théâtrales chez les Romains). L'auteur (de cette mise en scène) se dissimulera derrière des actions vertueuses. La confusion et le schisme s'installeront sur le monde à cause des sectes.

S'agirait-il du Temple solaire ? Mise en scène avant suicide collectif. Ou encore de la mise en scène de Raël sur le clonage ?

Nostradamus utilise dans ce quatrain, comme dans VII, 14, ci-après, le mot « secte » pour l'ensemble des sectes par synecdoque. On peut penser qu'il a également prévu les immenses réunions de fidèles des sectes, comme le congrès mondial des Témoins de Jéhovah qui réunit quatre-vingt mille personnes à Varsovie en 1989.

La secte du Mandarom à Castellane

VII, 14

Faux exposer viendra topographie,
Seront les cruches des monuments ouvertes :
Pulluler secte faincte philosophie,
Pour blanches, noires & pour antiques vertes.

Ouvertes pour découvertes par aphérèse.

La fausseté (de la secte) sera mise à nu dans la visite des lieux ; on découvrira des monuments en forme de cruche. Les sectes pulluleront par de fausses philosophies, qu'elles soient de (magies) blanches, noires ou islamiques (intégrisme, le vert est la couleur de l'Islam, emblème du salut).

Qui n'a pas vu dans la presse les photos des temples du Mandarom avec leurs toitures en forme de cruche renversée ? On pouvait lire dans la revue *Challenges économiques* de janvier 1993 : « Le promeneur qui flâne dans la garrigue découvre, stupéfait, la "cité sainte de Mandarom", une dizaine de *temples* [monuments] à la gloire du Lotus d'or, flanqués de statues géantes de trente mètres de haut à l'effigie de Bouddha et de Hamsha Manarah, alias Gilbert Bourdin. » On comprend que Nostradamus se soit attardé sur cette secte implantée dans sa Provence natale.

Dans ce quatrain, le mot *ouvertes* doit être pris dans son premier sens et aussi dans son deuxième sens de découvertes par syncope. On pouvait lire dans *L'Express* du 17 juin 1995, sous le titre « Mandarom, le gourou perd sa superbe » : « Lundi, le gourou de la secte des chevaliers du Lotus d'or a été interpellé aux aurores dans la tour en forme de lotus [cruche: même forme] qu'il quittait rarement sur les hauteurs de Castellane. [...] Au cours de ces derniers mois, les gendarmes et les policiers de la région ont eu l'occasion de visiter le "gourouland" [seront les cruches des monuments ouvertes] édifié par Bourdin.»

Les gothiques

Le Figaro du 2 février 2006, sous le titre «Les gothiques, cible des exorcistes catholiques», nous apprenait que «cent cinquante religieux et laïcs, spécialistes de l'occulte, se penchent sur la montée du satanisme chez les jeunes». Il faut croire que ce mouvement a une importance particulière pour que Nostradamus lui ait consacré un quatrain. Le site Internet www.hotspotz.com/Nostradamus.html propose un livre d'un certain Michael Rathford: *The Nostradamus code – World War III 2006-2012*. Ce monsieur qui étudie Nostradamus depuis 1985 (cinq ans après la sortie de mon premier livre!) utilise mon travail par un plagiat outrecuidant pour annoncer la fin du monde et de la civilisation, alors que Nostradamus annonce la paix universelle et l'âge d'or; nouvelle redoutable trahison du prophète. Mais le plus grave est que ce site sur les phénomènes paranormaux, sous la rubrique Antichrist, vous conduit à GothicMatch.com qui propose vêtements gothiques (noirs bien entendu), tatouages et... pornographie! L'orthographe d'Antichrist n'est pas une faute de frappe, *anti* signifiant contre, alors que le terme exact est Antéchrist, c'est-à-dire avant le Christ, mot qui signifie « oint » en grec et a le même sens que le mot d'origine hébraïque « messie ». Sophie de Ravinel, dans son article du *Figaro,* cite le père Benoît Domergue qui a dénoncé dans un livre récent « la dérive antichristique de la culture des jeunes ». Elle nous apprend que ce prêtre « a approché au Canada Marilyn Manson – icône gothique – dont les concerts sont "de la provocation, dont l'expression artistique est portée par des puissances mortifères exaltant l'Antéchrist, le meurtre, le suicide, qui incitent les spectateurs sous contrôle à commettre des profanations de lieux sacrés" ».

I, 42

Le dix Calende d'Avril de faict Gotique,
Resuscité encore par gens malins,
Le feu estainct, assemblée diabolique,
Cherchant les os du d'Ament & Pselin.

Calende (au singulier) : conférence entre prêtres. *Os* : restes mortels ; par analogie, partie d'une charpente quelconque, ce qui constitue la force. *Ament* : Amente, déesse de l'Occident, puis du séjour des morts chez les anciens Égyptiens. *Pselin* : Psylli, jongleurs d'Égypte et de Libye qui prétendaient avoir le don de neutraliser le venin des serpents et de les tuer par leur seule présence.

Dans une réunion de dix prêtres sera dénoncé le fait gothique d'avril, qui sera encore ressuscité par des gens du Malin, qui se réuniront dans le noir en assemblée diabolique et qui chercheront leur force chez la déesse du séjour des morts et dans ceux qui ne craignent pas le serpent (le diable).

Elsa Évrard, dans *Libération* du 23 mars 2005, sous le titre « Le satanisme, le marchepied de l'extrême droite », écrivait : « Des jeunes paumés en quête d'identité se laissent séduire par une forme de folklore... Le mouvement sataniste actuel trouve son origine dans l'église de Satan fondée aux USA le 30 avril 1966 (jour de la mort d'Hitler) par Anton LaVey, appelé le "pape noir" et auteur de *La Bible satanique*. Intervient une scission, en 1995, lorsque Michael Aquino crée une structure concurrente, le Temple de Seth. » Seth est le dieu de la mort dans l'Égypte antique. Il est représenté avec Isis et Osiris au fond du temple d'Abou Simbel que Ra éclaire au soleil levant. Seul Seth n'est jamais atteint par la lumière de Ra (le feu éteint). Nostradamus rapproche Seth d'Amente, la déesse du séjour des morts, pour insister sur le caractère mortifère de cette secte.

Dans une dépêche de l'AFP du 21 février 2005, sous le titre « Inquiétude autour de la montée du satanisme », souvent lié au néonazisme, on pouvait lire : « Le satanisme inquiète la Mission interministérielle de vigilance et de lutte contre les dérives sectaires (Miviludes). Aujourd'hui érigé en phénomène de mode et en filon commercial, le romantisme noir, dont les adeptes du *diable* représentent la frange extrême et la plus subversive, devient plus qu'une simple tendance, un emblème de génération. Sur Internet, le satanisme tisse sa toile : les jeunes sont attirés, via des entrées anodines, vers le commerce de la magie [dénoncée par Nostradamus dans sa préface à son fils César], des groupes sectaires, l'industrie pornographique et surtout les organisations néonazies... *Le mouvement gothique*, libertaire et esthétisant reste *l'une des portes d'entrée privilégiées du satanisme.* »

Maladie de la vache folle 1985-1995 – Déplacements de populations (réfugiés) – Injections de drogue (héroïne)

Présage 92

L'an sextil pluyes froment abonder, haines,
Aux hommes joye Princes. Rois en divorce :
Troupeau périr, mutations humaines,
Peuple affoulé : & poison soubs l'escorce.

Sextil (du latin *sextus*) : sixième, mais aussi raccourci de bissextile (désigne la fin du VIe millénaire : le XXe siècle, c'est-à-dire l'an 2000 qui était une année bis*sextile*). *Affouler* signifie en moyen français réunir en grand nombre, et *escorce* la peau.

À la fin du VIe millénaire, on connaîtra des inondations (Chine, Amérique centrale, tsunami en Indonésie, etc.), une surproduction agricole, des haines (Balkans, Moyen-Orient, Afrique), les hommes politiques et les peuples (d'Europe) se réjouiront (naissance de l'euro), il y aura des brouilles entre chefs d'État ; il y aura des déplacements de populations (réfugiés : ex-Yougoslavie, Kosovo, Caucase, Afrique, etc.), des peuples se réuniront en grand nombre (l'Europe des Quinze qui passe à vingt-sept) ; on fera périr des troupeaux (vache folle) ; on se mettra du poison sous la peau (héroïne).

Assassinats politiques – Mort des personnes âgées (canicule) – Peste de l'étable : vache folle

Présage 103

Par bruit de feu Grands & Vieux défaillir.
Peste assoupie, une plus grande naistre :
Peste de l'Ara, foin caché, peu cueillir,
Mourir troupeau Fertil, joye hors prestre.

En latin, *ara* ou *hara* signifie étable. En moyen français, *cueillir* signifie déduire ou conclure.

Des grands périront par les bruits de la guerre (assassinats d'hommes politiques au Liban, au Pakistan) et des vieux mourront (canicule de 2003). Alors qu'une épidémie s'atténuera (sida ou maladie de la vache folle ?), une encore plus grande commencera (grippe aviaire ou autre virus ?). La maladie de l'étable (vache folle) sera due au fait qu'on a caché le foin aux animaux (pour leur donner des farines animales) pour en ramasser (le foin) le moins possible. Malgré leur fertilité, des troupeaux mourront ; les gens seront dans la joie sans écouter les prédicateurs (scientifiques et écologistes).

On a vu détruire par le feu des milliers et des milliers de vaches.

Nouvelle peste bovine : la vache folle

Présage 100

Déluge prés. peste bovine neuve.
Secte flechir, aux hommes joye vaine :
De loy sans loy, mis au devant pour preuve,
Apast, embusche : & deceus couper veine.

En moyen français, *déluge* signifie désastre, *fléchir* plier, céder, et *embuscher* cacher. *Apast* vient d'*apasta* qui signifie en provençal pâture, nourriture. En ancien français, *deceu* signifie trompé.

Quand on sera près du désastre (11 septembre 2001), il y aura une nouvelle peste bovine (maladie de la vache folle). On parlera moins de sectes et les hommes se réjouiront vainement. On avancera des lois qui n'en seront pas vraiment, comme preuves (scientifiques). À cause de la nourriture qui aura été cachée (farines animales), on coupera les vivres à ceux qui ont été trompés (les éleveurs qu'on a encouragés à utiliser les farines animales, pour détruire ensuite leurs troupeaux).

1999 : déclaration de guerre de Ben Laden

« En France on laisse en repos ceux qui mettent le feu, et on persécute ceux qui sonnent le tocsin. »
Chamfort (1741-1794), *Maximes et Pensées*

Le 23 mai 1999, Bernard Pivot m'invite à un *Bouillon de culture* consacré à Nostradamus.

Était-il politiquement correct de mettre en garde contre un danger islamique imminent avant la tragédie du 11 septembre aux États-Unis? Ce que je fis, sujet sur lequel Bernard Pivot me relança pour mieux me contredire.

En effet, pour étayer sa contradiction, il me déclara : « Voyons, monsieur de Fontbrune, au XVIe siècle, il y avait Soliman le Magnifique, un grand souverain du monde, et la peur du Turc. Ne croyez-vous pas que Nostradamus a mis dans ses prétendues prophéties les peurs de son époque aujourd'hui démodées ? » Deux ans et trois mois plus tard, « la peur du Turc » était de nouveau à la mode !

Un normalien présentait un livre dans lequel, avec moins d'un quart des quatrains, il prétendait démontrer que Nostradamus avait prophétisé le passé – ce que tout un chacun est capable de faire ! Comme je lui faisais remarquer que quatre-vingt-dix pour cent des formes verbales étaient au futur, il m'objecta que c'était une façon courante d'écrire en poésie à l'époque. Un peu décontenancé par cette affirmation, rentré chez moi, j'ai relu les auteurs de la Pléiade et n'ai trouvé aucune trace d'utilisation systématique du futur chez ces merveilleux poètes.

1999 : Ben Laden, « grand roi d'effrayeur »

X, 72

L'an mil neuf cens nonante neuf sept mois,
Du ciel viendra un grand Roy d'effrayeur :
Resusciter le grand Roy d'Angolmois,
Avant après Mars régner par bon heur.

Afin de laisser à l'homme son « libéral arbitre », selon l'expression même de Nostradamus, certaines parties de quatrains ne sont compréhensibles que lorsque les événements annoncés ont un commencement de réalisation et que l'actualité vient apporter des précisions qui n'étaient pas envisageables auparavant. C'est la raison essentielle pour laquelle les risques d'erreurs sont réels. Cependant, comme nous allons le montrer une fois encore, d'autres parties de quatrains peuvent être comprises « avant coup ».

Tout d'abord, il faut se demander ce que cache le premier vers du quatrain. En effet, plusieurs interprétations sont possibles. Tous les exégètes des centuries ont pris son sens au premier degré. C'était une première hypothèse juste.

Un deuxième sens caché doit être envisagé. Si l'on décompose ainsi le texte : *L'an mil neuf* (le nouvel an mil, soit le nouveau millénaire, 2001) – *cens nonante neuf* (199 jours) – *sept mois* (septembre). Autrefois, l'année commençait en mars et septembre était le septième mois de l'année. Si l'on calcule 199 jours à partir de mars, on arrive à la première quinzaine de septembre, à condition de tenir compte des dix jours ajoutés par la réforme grégorienne de 1585. Ce qui donnerait comme traduction : l'année du nouveau millénaire (2001), au 199e jour, en septembre, un grand roi effrayant viendra du ciel. Nostradamus aurait donc caché dans ce premier vers la date de l'avertissement que j'ai transmis à la télévision le 23 mai 1999 à *Bouillon de culture* (non écouté par les humains) et l'accomplissement de sa prophétie. Je ne fus pas le seul, en 1999, à avertir du danger islamique, puisque Ben Laden lui-même avait déclaré, en juillet, à propos du conflit israélo-palestinien : « Le vœu de participer à la guerre sainte coule dans les veines des musulmans comme de l'électricité. La vraie vie est dans l'au-delà. Et je veux œuvrer dans ce monde pour l'au-delà [1]. »

Ni Nostradamus ni Ben Laden n'ont été entendus ! Le 11 septembre, la frayeur est venue du ciel, lorsque des avions de ligne pilotés par les envoyés de Ben Laden sont venus percuter les deux tours du World Trade Center et le Pentagone.

Pour comprendre le troisième vers, il faut d'abord citer le quatrain qui annonçait l'événement, tel que je l'avais traduit en 1995, d'autant plus que le mot *effrayeur* est utilisé dans les deux.

Ben Laden – Le 11 septembre et l'Irak

II, 30

Un qui des dieux d'Annibal infernaux,
Fera renaistre, effrayeur des humains :
Oncq' plus d'horreur ne plus dire journaulx
Qu'avint viendra par Babel aux Romains.

Les dieux infernaux d'Annibal désignent l'intégrisme islamique. *Avint* est une francisation du mot latin *adventus*, événement. *Babel* est le nom hébreu de Babylone et désigne donc l'Irak. Nostradamus, par l'un de ces raccourcis dont il a le secret, désigne également la célèbre TOUR ! Il a été noté dans la presse que, dans les tours

1. Cité dans *Sud-Ouest Dimanche* du 16 septembre 2001.

jumelles, on parlait quarante-huit langues. « Babel : le récit biblique a suscité au XVIe siècle une série de représentations peintes de Pieter Bruegel à Paul Bril, où les souvenirs transposés du Colisée sont magnifiés jusqu'à évoquer une structure aux étages et aux baies innombrables, à la fois en chantier et menaçant ruine. » Cette description de la tour de Babel, tirée de l'*Encyclopædia Universalis*, correspond d'une façon saisissante aux tours du World Trade Center... *Babel*, également le grand quotidien de l'Irak, était dirigé par un des fils de Saddam Hussein.

Un personnage se référant à l'intégrisme islamique fera renaître la frayeur des humains : jamais les journaux n'auront eu à décrire autant d'horreur, telle que celle de l'événement qui arrivera aux Romains à cause de l'Irak.

Par ailleurs, il faut savoir que « Baber » (1483-1530) fonda la dynastie mongole en Inde et conquit et unifia l'Afghanistan entre 1505 et 1529. Il descendait par sa mère de Gengis Khan et par son père de Tamerlan. Nostradamus m'a habitué à ce genre de raccourcis dont la concision surprend toujours. On comprend aujourd'hui pourquoi ce chef islamique installé en Afghanistan *ressuscite le grand Roy d'Angolmois* ou des Mongols. Vers la fin du IVe siècle, les Huns hephthalites ou Huns blancs, hordes turco-mongoles, ravagèrent la Gaule et occupèrent la Bactriane, grand empire dans lequel se trouvait l'Afghanistan d'aujourd'hui.

Quant au mot *Romains*, voici la définition du dictionnaire. « Roumi (de Rome, proprement Romain) : nom par lequel les Arabes désignent un chrétien. » Les événements de New York concernent tout le monde chrétien que les médias appellent pudiquement soit l'Occident, soit les pays démocratiques. Une illustration en est apportée par la couverture de *L'Express* (n° 2619 du 13 au 19 septembre 2001) : « Les islamistes déclarent la guerre à l'Occident. » Dans ce même numéro, voici ce qu'écrivent Denis Jeambar et Alain Louyot : « Le mardi 11 septembre 2001 apparaît donc, par l'ampleur de l'assaut et les victimes qu'il a faites, comme le premier jour de cette "guerre civilisationnelle" entre l'Islam et l'Occident. Mais c'est aussi le cours de l'Histoire qui s'emballe. Comme cela s'est déjà produit depuis *quatorze siècles* dans les relations entre le monde musulman et le monde chrétien, devenu occidental... »

Le quatrain suivant indique le 11 septembre. Selon son habitude, Nostradamus ne donne jamais une date complète (année, mois, jour). Par exemple, pour la fin de la monarchie, il donne l'année 1792, mais pas le 22 septembre (proclamation de la Ire République). Cela montre que les dates sont moins importantes que les événements et leur déroulement. Malheureusement, bien des gens souhaiteraient que les centuries soient un calendrier annonçant, jour après jour, ce qui va arriver. Mais où serait alors le libre arbitre de l'homme ?

Attentats du 11 septembre 2001 aux États-Unis

Présage 11, Septembre

Pleurer le ciel àil cela fait faire,
La mer s'appreste. Annibal fait ses ruses :
Denys mouille. Classe tarde. ne taire,
Na sçeu secret. & à quoy tu t'amuses.

Pleurer le ciel est une expression qui signifie pleurer sur son sort. *Àil* est une forme archaïque d'aïe, cri de douleur. Le terme *Hannibal*, comme *punique* et *Poenus*, que l'on rencontre dans plusieurs quatrains, désigne l'intégrisme islamique. En effet, trois guerres eurent lieu entre les Carthaginois et les Romains, dites *guerres puniques*, entre 264 et 146 av. J.-C., et se terminèrent par la prise et la ruine de Carthage. Les Carthaginois avaient voué aux Romains une haine implacable, raison pour laquelle Nostradamus établit ce parallèle avec l'intégrisme islamique. Le mot *Denys* désigne le port espagnol de Denia, dans la province d'Alicante sur la Méditerranée.

Pleurer sur son sort, voilà ce que cela fait faire : la flotte se prépare pendant que le chef musulman fait ses ruses. La flotte qui mouille près de Denia (en Méditerranée) ne tarde que trop à se manifester, parce qu'elle n'a pas su ce qui se tramait et que l'on pensait à s'amuser.

Denia désigne par synecdoque la Méditerranée : quatorze navires de guerre américains sont partis de Norfolk en Angleterre vers la Méditerranée pour rejoindre le golfe Persique.

Nostradamus note le nombrilisme de l'Occident qui se plaint de son sort et qui ne prend garde à ce qui se trame contre lui. Avec l'éclairage apporté par la catastrophe qui touche tous les pays chrétiens, on comprend alors les passages suivants de la *Lettre à Henry, roy de France second* : « Puis le grand empire de l'Antéchrist commencera dans l'Altaï, d'où il descendra avec des troupes innombrables, tellement que la venue du Saint-Esprit qui s'avance selon le 48e degré passera d'un pays dans un autre, chassé par l'abomination de l'Antéchrist, qui fera la guerre contre le grand roi qui sera le grand vicaire de Jésus-Christ, en temps utile et au moment choisi, qui sera précédé par une éclipse solaire la plus obscure et la plus ténébreuse qui ait été depuis la création du monde et passion de Jésus-Christ [l'éclipse totale de soleil du 11 août 1999 passait par Paris qui se situe sur le 48e degré de latitude, comme Oulan-Bator, capitale de la Mongolie]... »

En ce qui concerne le 48e degré, Nostradamus ne précise pas s'il s'agit de la longitude ou de la latitude. Si l'on envisage les deux hypothèses, le 48e parallèle passe par Paris que Nostradamus désigne par le « Saint-Esprit », la capitale de la France, « fille aînée de l'Église ». Cela ne peut se comprendre que parce que Nostradamus était catholique. Quant au 48e degré de longitude, il traverse le Yémen et l'Arabie Saoudite, et passe près de Riyad. Nostradamus désigne donc le lieu de naissance de Ben Laden, ainsi que l'origine de sa famille (le Yémen).

Explosion de l'usine AZF de Toulouse, le 21 septembre 2001

IX, 37

Pont et molins en Décembre versez,
En si haut lieu montera la Garonne :
Murs, edifice, Tholoze renversez,
Qu'on ne sçaura son lieu autant matronne.

Ponts désignent les passerelles de l'usine AZF. Ce sont les silos de stockage que Nostradamus désigne par *moulins*. *Décembre* doit être rapporté à septembre, l'année commençant alors en mars. *Édifice* : bâtiment considérable. *Matrone* : femme mariée et respectable.

Les passerelles et les silos seront renversés en septembre. Le bruit montera si haut en ce lieu de Garonne que les murs et les édifices seront renversés et qu'on ne reconnaîtra plus le lieu autant qu'une dame.

« L'explosion du nitrate d'ammonium même sensibilisé par la présence de certains produits (matières combustibles par exemple) nécessite une source d'énergie dont la nature n'est pas encore connue. L'analyse des conséquences de cette explosion conduit à estimer que la puissance de celle-ci est comparable à celle de 20 à 40 tonnes de TNT, ce qui indique qu'entre 40 et 80 tonnes de nitrate d'ammonium auraient détoné [1]. »

La dame dont parle ce quatrain pourrait bien être Géraldine Mackie, fondatrice et présidente de l'association « Vivre après l'explosion », qui continue à se battre pour la vérité.

Les attaques bactériologiques avec le bacille du charbon, par envoi de lettres, mettent en évidence un quatrain d'une précision saisissante, mais que seul le commencement de réalisation des événements pouvait permettre de comprendre.

1. Rapport de l'Inspection générale du ministère de l'Écologie et du Développement durable.

Attaque de Kaboul (7 octobre 2001) – Lettres empoisonnées au charbon (octobre 2001)

I, 41

Siège en cité est de nuict assaillie,
Peu eschappé, non loin de mer conflict,
Femme de ioye, retours fils defaillie,
Poison & lettres cachées dans le plic.

Défaillir : en moyen français, manquer. *Pli* : l'enveloppe.

La Cité (Kaboul) sera assiégée et assaillie de nuit. Quelques-uns s'échapperont (Oussama Ben Laden et le mollah Omar). Le conflit sera porté non loin de la mer (New York). Les mères se réjouiront du retour de leurs fils qui leur auront manqué. Le poison (charbon) sera caché avec les lettres dans les enveloppes.

Le 5 octobre 2001, un photographe du *Sun* est contaminé par le bacille du charbon. Le 8, un employé au courrier (lettres et plis) du même journal est hospitalisé. Le 22, *deux postiers* de Washington succombent à leur tour. Les bombardements nocturnes de Kaboul commencent le *7 octobre*.

L'incapacité de l'ONU à empêcher les conflits

VIII, 2 *bis*

Plusieurs viendront & parleront de paix,
Entre Monarques & Seigneurs bien puissants ;
Mais ne sera accordé de si près,
Que ne se rendent plus qu'autres obéissants.

Plusieurs chefs de grandes puissances parleront de paix (États-Unis, CEI, Chine, Grande-Bretagne et France, Conseil de sécurité de l'ONU – les cinq grands), mais la paix ne leur sera pas accordée, car ils ne seront pas plus obéissants (aux règles de l'ONU) que les autres.

Brouilles entre puissants – Embrasement des banlieues en 2005

XII, 56

Roy contre Roy & le Duc contre Prince,
Haine entre iceux, dissension horrible :
Rage et fureur sera toute province,
France grand guerre & changement terrible.

Un gouvernant se dressera contre un autre gouvernant, un général (*dux* en latin) contre un chef, et ils entretiendront entre eux d'horribles dissensions et haine. La rage et la fureur séviront dans toutes régions (banlieues) et conduiront à une grande guerre en France et à un changement terrible.

Cette description dépeint parfaitement ce qui se passe en France, en Europe, dans les provinces de l'ex-État yougoslave, entre les différentes ethnies de l'ex-Empire soviétique (Ukraine, Géorgie), ainsi qu'en Afrique (Côte-d'Ivoire), etc.

Inefficacité des discours de paix

VIII, 4 *bis*

Beaucoup de gens voudront parlementer,
Aux grands seigneurs qui leur feront la guerre :
On ne voudra en rien les écouter,
Hélas ! si Dieu n'envoye paix en terre.

Beaucoup de gens voudront parler de paix aux puissants qui leur feront la guerre, mais ils ne seront pas écoutés, hélas ! Si Dieu n'envoie la paix sur la terre.

L'ONU est incapable de mettre fin aux conflits multiples qui ensanglantent la planète de manière chronique.

Genève, centre de conférences internationales

I, 47

Du Lac Leman les sermons fascheront,
Des jours seront réduits par des semaines :
Puis mois puis ans, puis tous defailleront,
Les Magistrats damneront leurs lois vaines.

Les discours de Genève feront se fâcher les hommes. Les jours seront reconduits par des semaines, puis par des mois, puis par des années, puis tous ces sermons s'effondreront. Les législateurs condamneront ces règlements inutiles.

Les premières Conventions de Genève datent du 22 août 1864. Elles furent révisées en 1905 et en 1929. D'autres Conventions furent signées le 12 août 1949.

21 juillet 1954 : conférence à Genève sur la guerre d'Indochine.

Aujourd'hui, on ne peut que constater que ces « sermons », comme les nomme Nostradamus, n'ont pas été respectés par les pays qui les avaient signés.

Le vendredi 8 septembre 1994 se tenait à Genève une conférence sur l'ex-Yougoslavie, une de plus ! Il y fut reconnu à la fois l'intégrité et le partage de la Bosnie !

Le 5 décembre 2001 : conférence des pays signataires de la IVe Convention de Genève, etc.

La corruption en Italie

X, 65

O vaste Rome ta ruyne approche,
Non de tes murs, de ton sang & substance :
L'aspre par lettres fera si horrible coche,
Fer poinctu mis à tous jusques au manche.

En moyen fiançais, mots en *coche* signifie les flèches lancées dans le discours.

Ô vaste Rome ! ta ruine approche, non de tes murs mais de ton sang et de ta substance. Les médias (presse écrite, parlée ou télévisuelle) lanceront de si horribles flèches que tous seront poignardés (au sens figuré) jusqu'aux *manches* (allusion aux magistrats : effets de manches !).

« Il y a deux lectures possibles du phénomène de corruption et des réactions de correction qui en dérivent. La première lecture insiste sur l'exceptionnalité française : certes, la corruption existe comme partout ailleurs, mais elle n'est ni systématique ni endémique, et la France n'a pas à rougir du comportement de quelques brebis égarées.

« Aux péchés véniels et accidentels français s'oppose, selon les tenants de cette version rose, la corruption "systématique" de pays comme les États-Unis ou l'*Italie*[1]... »

Le 6 décembre 1994, Bettino Craxi (ancien président du Conseil socialiste entre 1983 et 1987) est condamné par contumace à cinq ans et six mois de prison pour corruption. Le 13, le président du Conseil, Silvio Berlusconi, est interrogé pendant sept heures par les juges milanais sur une éventuelle tentative de corruption d'agents de la brigade financière. À suivre...

Benoît XVI : le pape allemand (2005)

II, 87

Après viendra des extremes contrees,
Prince germain, dessus le trosne doré,
La servitude & eaux rencontrées,
La dame serve, son temps plus n'adoré.

En moyen français, le mot *contrées* au pluriel signifie territoires dominés par les grands seigneurs. La Bavière, dont est originaire Joseph Ratzinger, a été gouvernée, de 530 à la guerre franco-prussienne de 1870, par des seigneurs de différentes dynasties. La dernière, la maison

1. Yves Mény, numéro spécial du *Monde 1944-1994*.

palatine, étant représentée par Louis II. La Bavière fut alors absorbée par l'Empire allemand. Le mot *extrêmes* doit être pris dans le sens latin de l'expression *extremum provinciae*, c'est-à-dire à l'extrémité de la province ; Joseph Ratzinger est né dans le village de Marktl am Inn à la frontière austro-bavaroise, à cent kilomètres de Munich. Les cardinaux sont appelés *princes* de l'Église. Pour illustrer le trône doré, citons Paul Poupard qui, dans son ouvrage *Le Vatican, son histoire et ses trésors*, écrit : « Sous le pontificat d'Alexandre VII (1655-1667), Le Bernin, le talentueux artiste, enchâsse la chaire, longtemps considérée comme celle de Pierre, dans une chaire de bronze portée par les quatre docteurs de l'Église latine – Augustin et Ambroise – et grecque – Athanase et Jean Chrysostome. C'est la fameuse gloire du Bernin qui clôt majestueusement l'abside : un envol d'anges adorateurs autour de l'Esprit saint symbolisé par une colombe blanche sur un vitrail aux rayons *d'or* du soleil resplendissant de l'au-delà. Quant à la chaire dite de Pierre, c'est un *trône* royal offert au pape Jean VIII (872-882) par l'empereur Charles le Chauve à l'occasion de son couronnement en 875. » *Servitude* en moyen français est synonyme de serviteur. *Eaux* est toujours utilisé dans le sens de troubles, révolutions, révoltes. *Server* signifie en moyen français préserver, protéger. *Ne* a ici un sens affirmatif. L'expression la *dame serve* désigne la Vierge Marie pour laquelle le nouveau pape a déclaré son attachement, comme celui de son prédécesseur Jean-Paul II, qui avait choisi de mettre sous la croix de son blason le M de Marie.

Après (Jean-Paul II) viendra de Bavière un cardinal allemand qui montera sur le trône doré (de saint Pierre).

En tant que serviteur il rencontrera des troubles. En ce temps-là, la dame protectrice (Marie) n'en sera que plus adorée.

Dans sa première homélie prononcée le dimanche 24 avril 2005, Benoît XVI a déclaré : « Et maintenant, en ce moment, moi-même, fragile *serviteur* de Dieu, je dois assumer cette charge inouïe qui dépasse réellement toute capacité humaine. »

Il est surprenant qu'aucun média n'ait noté que, après le pape polonais, arrive sur le trône de saint Pierre un pape allemand, c'est-à-dire deux papes issus des deux pays où la persécution des Juifs a été la plus violente : curieuse coïncidence...

Selon ce quatrain, le pontificat de Benoît XVI pourrait être agité par des troubles.

Le sixain suivant indique l'année d'élection du *pape de l'Olivier* dans la prophétie des papes de saint Malachie [1].

Nostradamus compte les six millénaires de la chronologie biblique. L'an 2001 commence le VIIe millénaire avec l'effrayante attaque islamiste du World Trade Center.

Six cent cinq se traduit donc par : six mille et un ans + cinq = 2005, et ainsi de suite.

---

1. Voir Jean-Charles de Fontbrune, *La Prophétie des papes – Saint Malachie*, éditions du Rocher, 1984.

Élection de Benoît XVI – Haine et séditions de Ben Laden de 2006 à 2018

Sixain 19

Six cens & cinq, six cens & six & sept,
Nous montrera jusqu'en l'an dix sept,
Du boutefeu l'ire, hayne et envie,
Sous l'olivier d'assez longtemps caché,
Le crocodil sur la terre a caché,
Ce qui estoit mort, sera pour lors en vie.

Six cent et cinq: 2005. *Six cent six*: 2006. *Six cent sept*: 2007. *Six cent dix-sept*: 2017. *Boutefeu*: au figuré, qui excite une sédition, des querelles. Le *crocodile* désigne l'Égypte.

En 2006, 2007, 2008 et jusqu'en 2018 on verra la colère, la haine et l'envie du fauteur de sédition (Ben Laden) qui restera caché (dans la zone tribale d'Afghanistan) sous le pontificat de Benoît XVI, et un accord que l'Égypte aura caché. On connaîtra alors une véritable résurrection.

2018 est-elle l'année de la fin du pontificat de Benoît XVI ou la fin de Ben Laden, ou celle des deux? Les événements viendront répondre à cette question. Quant à l'accord secret, aux dernières élections en Égypte, on a assisté à une montée en puissance des Frères musulmans.

Coup perfide des islamistes – Danger aux frontières, même à Salon-de-Provence

III, 4

Quand seront proche le défaut des lunaires,
De l'un à l'autre ne distant grandement,
Froid, siccité, danger vers les frontières,
Mesme où l'oracle a pris commencement.

Le mot *lunaires* désigne les islamistes (le croissant). *Défaut*: en ancien français, erreur. *Distant*: différence. *Oracle*: prophétie (Nostradamus a rédigé ses prophéties à Salon-de-Provence).

Quand les islamistes seront prêts de commettre une faute, ayant entre eux de très grandes différences (chiites et sunnites), on connaîtra le froid, la sécheresse et des dangers vers les frontières, même là où est née la prophétie.

CHAPITRE 2

LE CONFLIT
ET SES CAUSES

Reconstitution de l'Empire perse ? – Guerre entre l'Orient et l'Occident

Les événements graves du Pakistan m'ont conduit à revoir la signification des mots *Perse* et *Mèdes* qu'on trouve dans plusieurs quatrains. Si l'on se réfère à la culture humaniste de la Renaissance qu'avait Nostradamus, on doit se rapporter à l'histoire de la Perse et de son immense empire.

La Perse ancienne couvrait un vaste territoire qui comprenait les pays actuels, de l'Indus à la Méditerranée : le Pakistan, l'Afghanistan, l'Iran, l'Irak, une partie du Turkménistan, une partie de l'Arabie, le Liban, la Turquie, l'Égypte, la Libye.

L'assassinat de Benazir Bhutto, qui déstabilise ce pays de 165 millions d'habitants, marque-t-il le début de la reconstitution de l'Empire perse sous la bannière du croissant ? C'est la question que devraient se poser nos géopoliticiens et les états-majors de l'Occident.

Plusieurs quatrains donnent une certaine crédibilité à cette hypothèse, quand ils sont rapprochés les uns des autres.

Le véritable point de départ de ce vaste mouvement d'unification rampante est la déclaration de guerre à l'Occident et à ses *infidèles* par Ben Laden en juillet 1999 ; cet avertissement se trouve dans le célèbre quatrain qui a fait délirer de nombreux pseudo-exégètes. Les deux principaux personnages très médiatiques qui ont détourné le « message prophétique » ont été Élizabeth Teissier et Paco Rabanne. Rappelons que l'une faisait tomber, le 11 août 1999, la sonde Cassini sur Paris, faisant deux cent mille morts, et l'autre la station Mir. Ces élucubrations n'étaient en rien contenues dans le quatrain traduit et expliqué plus haut.

Une autre date importante relative à la « guerre sainte » se trouve dans le sixain 19, concernant l'élection du pape Benoît XVI, pape de l'Olivier *(de gloria olivae)*, de la gloire de l'olivier dans la prophétie de saint Malachie (1143) ?

Dans ce texte, Nostradamus compte les six millénaires de la chronologie biblique. L'an 2001 (6001) inaugure donc le VIIe millénaire avec l'effrayante attaque islamiste du World Trade Center.

Il est capital de préciser que Nostradamus demande aux astrologues, aux sots et aux barbares de s'éloigner de lui. Cela parce que l'histoire de l'humanité ne dépend absolument pas de la position des planètes et des étoiles. Il utilise ses connaissances en astronomie pour dater certains événements ; il note une coïncidence entre une configuration astronomique et tel ou tel événement : coïncidence et non rapport de cause à effet !

Rupture des relations France-Iran – L'Iran et le nucléaire

Le sixain suivant, qui permet de supposer cette rupture, offre un bel exemple des pièges philologiques contenus dans ce texte du XVIe siècle. En effet, en moyen français, *ouvert* signifie découvert. Si l'on prend le sens actuel du mot ouvert, on fait un contresens. *Quitter* : abandonner.

Sixain 8

Un peu devant l'ouvert commerce,
Ambassadeur viendra de Perse,
Nouvelle au franc pays porter,
Mais non receu, vaine esperance
A son grand Dieu fera l'offance,
Feignant de le vouloir quitter.

Peu de temps avant la découverte d'un commerce (nucléaire ?), un ambassadeur viendra d'Iran porter en France un message ; mais il ne sera pas reçu malgré son espoir de l'être et considérera cela comme une offense à son grand Dieu (Allah), après avoir fait semblant d'abandonner (le nucléaire militaire).

Présage 40, juin

De maison sept par mort mortelle suite,
Gresle tempeste. Pestilent mal fureurs :
Roy d'Orient d'Occident tous en fuite,
Subjuguera ses jadis conquéreurs.

Suite : en moyen français, poursuite ; *tempeste* : combat violent ; *fureurs* : folies.

Sept États de la même maison (G7 ?) connaîtront une poursuite mortelle, un combat violent et une épidémie qui s'ajoutera aux folies des hommes. Les chefs d'Orient et d'Occident fuiront, puis l'Occident soumettra ceux qui l'avaient jadis conquis (les Arabes qui avaient conquis une partie importante de l'Europe).

La crise économique fait de nouveau se réunir le G7 et non le G8 !

Une flotte occidentale coulée dans le golfe Persique

VI, 4

De nuict par Nantes Lyris apparoistra,
Des arts marins susciteront la pluie :
Arabiq goulfre grand classe parfondra,
Un monstre en Saxe naistra d'ours et de truye.

Ce quatrain pose des problèmes de traduction pour certains de ses mots.

Lyris est l'ancien nom du Garigliano, rivière d'Italie ; mais aussi Iris, épouse de Zéphyr, vent d'Occident. En moyen français, *apparoistre* signifie se manifester ou faire apparaître. *Susciter* : provoquer. *Parfondrer* : plonger tout au fond. *Monstre* : chose prodigieuse ou monstrueuse. *Classis* : en latin, flotte. *Arabiq goulfre* : le golfe Persique. *Saxe* pour l'Allemagne, l'*ours* pour la Russie et *truye* (du latin *Troja*) Troie pour la Turquie.

L'Amérique ou l'Italie se manifestera de nuit à Nantes. Les armes de la marine provoqueront une pluie (de fusées ou de bombes). Une grande flotte sera coulée dans le golfe Persique. Un événement prodigieux ou monstrueux commencera en Allemagne à cause de la Russie et de la Turquie.

L'Iran s'attaquera-t-il à la flotte américaine dans le golfe Persique ?

Alliance entre un chef d'État arabe et la Chine

V, 25

Le Prince Arabe Mars, Sol, Venus Lyon,
Regne d'Eglise par mer succombera :
Devers la Perse bien près d'un million,
Bisance, Egypte, ver. Serp. Invadera.

Le 15 août 2015 aura lieu une conjonction Mars, Soleil et Vénus dans la constellation du Lion. En latin, *regnum* signifie trône. En moyen français, *devers* signifie auprès de, mais aussi chez. *Ver. Serp.* : abréviation de *verus serpens* (en latin, la constellation du Dragon), le vrai dragon (la Chine ?). *Invadir* : assaillir, attaquer.

Pendant une conjonction de Mars, du Soleil et de Vénus dans la constellation du Lion, le trône de saint Pierre s'effondrera : du côté de la Perse (frontière Chine-Pakistan et Afghanistan ?) (arrivera) un million (de soldats ?) et le Dragon (la Chine) attaquera avec la Turquie et l'Égypte.

Guerres entre l'Orient et l'Occident

VIII, 59

Par deux fois hault, par deux fois mis à bas,
L'Orient aussi l'Occident foiblira,
Son adversaire après plusieurs combats,
Par mer chassé au besoing faillira.

L'Orient sera puissant et mis à bas deux fois, mais l'Occident faiblira aussi ; son adversaire sera chassé par mer après plusieurs combats et succombera à la pénurie.

IX, 100

Navalle pugne nuict sera supérée,
Le feu aux naves à l'Occident ruine :
Rubriche neufve, la grand nef colorée,
Ire à vaincu, & victoire en bruine.

Pugne (du latin *pugnum*) : combat. *Supérer* : en ancien français, vaincre. *Rubriche* : en moyen français, règles de la liturgie ; *colorer* : embellir. *La grand nef* : l'Église. *Bruine* : lutte, trouble.

Dans une bataille navale de nuit, l'Occident sera vaincu et ses navires en feu. De nouvelles règles de liturgie seront promulguées et l'Église sera embellie. La colère du vaincu lui apportera la victoire dans la lutte.

V, 62

Sur les rochers sang on verra pleuvoir,
Sol Orient, Saturne Occidental :
Près d'Orgon guerre, à Rome grand mal voir,
Nefs parfondrées & pris le Tridental.

Orgon ne désigne pas la ville des Bouches-du-Rhône, mais l'île d'Orgon qui se trouve au large de la Toscane. En ancien français, *parfondrer* signifie plonger tout au fond. *Tridental* : l'Angleterre, puissance maritime, à cause de Neptune et de son trident.

On verra pleuvoir du sang sur les rochers, avant que la lumière et l'âge d'or règnent de l'Orient à l'Occident. La guerre sévira dans la mer Tyrrhénienne ; on verra un grand mal à Rome, les bateaux seront coulés et l'Angleterre sera prise.

La guerre en Irak et ses suites – La guerre au nom de Dieu, de Yahvé et d'Allah

La guerre du Golfe, commencée le 17 janvier 1991 n'était qu'un signe précurseur du rôle que devait jouer l'Irak (la Mésopotamie, ou Babylone, ou Babel pour Nostradamus) dans le conflit déclenché en mars 2003. Dans un numéro spécial du *Monde* sur la guerre du Golfe, intitulé « De la guerre à la paix », en date de novembre 1991, on pouvait lire sous la plume de Jacques Lesourne : « L'intervention au Koweït a permis d'éviter une grave détérioration de la situation au Proche-Orient. Elle n'a résolu en profondeur aucun des problèmes de ce carrefour entre l'Afrique, l'Europe et l'Asie. » Ce journaliste avait raison, mais, comme Nostradamus, qui l'a écouté ?

La guerre qui a éclaté le 19 mars 2003 entre les forces anglo-américaines et l'armée irakienne pourrait, selon Nostradamus, embraser la planète tout entière, en entraînant des renversements d'alliance aussi spectaculaires que l'attaque de l'Union soviétique par Hitler, malgré la signature du pacte germano-soviétique. Ainsi, deux quatrains laissent entendre que la crise irakienne pourrait être une cause de rupture entre les États-Unis et la Russie.

Cette guerre a été engagée par les Américains et les Anglais contre l'Irak au nom du Dieu des chrétiens contre le Dieu des musulmans, comme si Dieu pouvait être un fauteur de guerre.

Un quatrain de Nostradamus est saisissant d'actualité :

I, 91

Les Dieux feront aux humains apparences,
Ce qu'ils seront auteurs de grand conflict,
Avant ciel veu serein, espée & lance,
Que vers main gauche sera plus grand afflict.

Le *D* majuscule au mot Dieux laisse à penser qu'il s'agit du Dieu des monothéistes. *Apparences* : en moyen français, motif, raison. La *lance* en moyen français désignait une unité de combat.

Les Dieux serviront de raison pour justifier leurs grands conflits. Avant la guerre (épée et lance), le ciel sera serein. Le plus grand tourment sera pour les forces de gauche (parti Baas irakien et syrien), l'Égypte dont la Constitution la définit comme un État socialiste, l'Iran et ses gardiens de la *révolution*, le Yémen et son Parti socialiste yéménite.

La « coalition », comme la nomment tous les médias, a comme soutien l'Espagne. Le quatrain suivant utilise le mot prononcé par George W. Bush, à savoir *Croisars*, mot qui n'existe pas mais que Nostradamus a probablement fabriqué à partir de croisé et *croisat* qui, en ancien français, désignait une monnaie frappée d'une croix. Ce qui donnerait au mot *Croisars* une double signification de croisés (les Américains et la crise économique en Occident) :

V, 16

A son hault pris plus la lerme sabée,
D'humaine chair par mort en cendres mettre,
A l'Isle Pharos par Croisars perturbée,
Alors qu'à Rhodes paroistra dur espectre.

Pris : ancienne orthographe de prix. En moyen français, *lerme* signifie larme. *Sabée* est un terme de provençal du verbe *saber*, qui signifie savoir. *Pharos* est une petite île de la côte égyptienne près d'Alexandrie et désigne l'Égypte. *Rhodes* est une île grecque de la mer Égée. Le mot *spectre* a peut-être une double signification : d'abord celle du spectre de la guerre, mais elle fait aussi peut-être référence au spectre solaire (phénomène physique, naturel ou nucléaire ?).

À cause de la cherté de la vie, on connaîtra davantage les larmes. La chair humaine brûlée (bombes incendiaires) entraînera la mort. L'Égypte sera fortement troublée par les Américains, alors qu'un redoutable phénomène (guerre ou autre) apparaîtra en Grèce.

Les Irakiens contre l'Espagne

VII, 22

Les Citoyens de Mesopotamie,
Irez encontre amis de Tarragonne :
Jeux, ris, banquets, toute gent endormie,
Vicaire au Rosne, prins cité, ceux d'Ausone.

Encontre : en moyen français, rencontre, visite. Nostradamus a pris, par synecdoque, la ville de Tarragone pour désigner l'Espagne ; en effet, la Tarraconaise est l'une des trois grandes provinces espagnoles et Tarragone se trouve sur la Méditerranée. Par ailleurs, les Grecs nommèrent l'Espagne *Hesperia*, c'est-à-dire « l'Occidentale ». Les mots *jeux, ris, banquets* sont à rapprocher de l'expression *« et à quoi tu t'amuses »* du présage 11, car ils stigmatisent l'insouciance de l'Occident. Le pape porte le titre de Vicaire de Jésus-Christ, à moins qu'il s'agisse d'un prélat, cardinal ou autre ; *Ausone* est l'ancien nom de l'Italie. Le pape ou un prélat se réfugierait au bord du Rhône, parce que la cité d'Italie (Rome) serait prise.

Les habitants de l'Irak iront en Espagne pendant que ceux-ci joueront, riront, bambocheront ou dormiront. Le pape ou un prélat se réfugiera au bord du Rhône parce que Rome sera prise.

Nostradamus note ici le soutien apporté par l'Espagne aux Anglo-Américains.

Intégrisme islamique antichrétien en Irak

III, 61

La grande bande & secte crucigere,
Se dressera en Mesopotamie :
Du proche fleuve compagnie legiere,
Que telle loy tiendra pour ennemie.

Nostradamus a « raboté » par syncope le verbe latin *crucifigere* (crucifier). *Compagnie legiere* : la cavalerie (l'arme blindée). L'Irak et la Syrie ont d'importantes communautés chrétiennes.

La grande bande et secte antichrétienne (intégriste islamique) se lèvera en Irak, les chars se tenant près du fleuve (Tigre ou Euphrate), et tiendra la loi (chrétienne) pour ennemie.

Le *Figaro Magazine* du 13 décembre 1998 titrait ainsi sa couverture : « En Asie, au Proche-Orient, dans le Maghreb... l'Islam contre l'Occident », avec ce commentaire qui donne raison à Nostradamus : « Quelques siècles après les *croisades*, va-t-on vers un affrontement inverse ? En terre d'Islam, les chrétiens sont souvent interdits, ou carrément pourchassés. Sans qu'il s'agisse d'une guerre de religion (il est des États musulmans tolérants), les motifs d'inquiétude s'accumulent... » Non seulement le journaliste a, dès 1998, une vision « nostradamique » de la situation, mais encore il utilise le mot croisade pour les problèmes du Moyen-Orient, trois ans avant George W. Bush !

La France impliquée dans la guerre en Irak

III, 99

Aux champs herbeux d'Alein & du Varneigne,
Du mont Lebron, proche de la Durance,
Camps de deux pars conflict sera si aigre,
Mesopotamie défaillira en la France.

Alleins et *Vernègue* sont deux communes des Bouches-du-Rhône au pied du Luberon, anciennement *Lebron.* *Aigre* en ancien français signifie ardent, impétueux.

Dans les champs herbeux d'Alleins, de Vernègue et du Luberon, proche de la Durance, la guerre sera si ardente pour les deux camps que l'Irak s'effondrera en (ou contre la) France.

Qu'elle le veuille ou non, la France risque fortement d'être impliquée dans ce conflit. L'événement ici annoncé n'est pas entièrement compréhensible.

Relations entre États-Unis et Russie (2008) – Frayeur venue d'Orient (11 septembre 2001) – Erdogan au pouvoir (novembre 2002)

VI, 21

Quand ceux du pole artiq unis ensemble,
En Orient grande effrayeur & crainte:
Esleu nouveau, soustenu le grand tremble,
Bisance de sang barbare taincte.

Les États-Unis, par l'État de l'Alaska et plus globalement l'Amérique du Nord, et la Russie occupent les neuf dixièmes du pôle Nord ou *pôle Arctique*. *Soustenir* quelqu'un : lui résister. *Grand*: puissant, important.

Quand les Américains et les Russes seront unis (1990 : fin de la guerre froide), il y aura de grandes craintes et frayeurs venues de l'Orient (Caucase, Tibet, Moyen-Orient). Un nouveau personnage (turc) sera élu et résistera au puissant (États-Unis ?) qui tremblera. Istanbul sera teinte de sang musulman.

Le parti de Recep Tayyip Erdogan a remporté les élections de novembre 2002, portant son président au pouvoir. Ce quatrain laisse supposer que ce personnage jouera un rôle important dans le conflit commencé le 11 septembre 2001.

Le mot *tremble* pourrait suggérer qu'Istanbul serait frappée par un tremblement de terre. On ne peut exclure cette hypothèse. En effet, Guillaume Perrier du *Monde* écrivait le 11 janvier 2006 : « Istanbul est construite à proximité de la faille nord-anatolienne, qui n'est pas totalement rompue. Les scénarios les plus alarmistes prédisent, dans les vingt à trente ans qui viennent, un séisme de 7 à 7,5 sur l'échelle de Richter, avec un épicentre à moins de 20 km d'Istanbul, qui pourrait faire 90 000 morts, 135 000 blessés et 600 000 sans-abri. » Quel optimisme !

Brouille entre les États-Unis et la Russie à cause de l'Iran (1990-2003, treize ans) – Rôle important de l'Église et du pape

V, 78

Les deux unis ne tiendront longuement,
Et dans treize ans au Barbare Satrappe:
Aux deux costez feront tel perdement.
Qu'un bénira la Barque & sa cappe.

Le mot *Satrappe* constitue un jeu de mots dont Nostradamus a le secret. En effet, outre le sens du verbe s'attraper, il y a une allusion aux satrapes qui, dans l'Empire médo-persan, étaient chargés de l'administration du pays et du recouvrement des impôts (voir un quatrain sur la prise de pouvoir par Napoléon Ier: «prendra la satrapie»). Il y a donc ici une allusion à l'Iran. Par ailleurs, en français, le mot *satrape* désigne un homme qui exerce avec orgueil un pouvoir despotique, ce qui dépeint bien le nouveau chef du gouvernement iranien. La *Barque* représente l'Église et plus particulièrement ici le Vatican, à cause de la cape, pièce de tissu que porte le pape.

Les deux unis (États-Unis et Communauté des États indépendants) ne tiendront (l'union) pas longtemps, parce qu'ils *s'attraperont* à cause des islamistes au bout de treize années. Cela provoquera de telles pertes aux deux camps qu'on bénira l'Église et le pape.

Lorsque Nostradamus donne une séquence de temps, le problème est de situer la date de départ de cette période pour en connaître la fin.

Le 3 janvier 1993, les États-Unis et la Fédération de Russie signent l'important traité Start II qui réduit les armements stratégiques offensifs américains et russes en éliminant tous les ICBM-MIRV. Si l'on ajoute treize ans au 3 janvier 1993, on parvient au 3 janvier 2006. La position intransigeante du président iranien Mahmoud Ahmadinejad sur la poursuite du nucléaire provoque une nouvelle tension dans cette région du monde.

Après la brouille dont on voit les prémices avec la guerre dans le Caucase, le pape pourrait jouer un rôle important dans cette situation.

En ce qui concerne ce quatrain, une autre hypothèse doit être envisagée. Si les *deux unis* désignent les États-*Unis* et le Royaume-*Uni*, ça voudrait indiquer que le problème de la guerre en Irak serait aggravé par un problème avec l'Iran.

Coalition anglo-américaine en Irak – Frayeur au Soudan

V, 23

Les deux contens seront unis ensemble,
Quand la plupart à Mars seront conjoincts :
Le grand d'Afrique en effrayeur & tremble,
DUUMVIRAT par la classe desjoinct.

Contens vient du verbe *contendre*, qui signifie en moyen français combattre ; *desjoindre* : désunir, séparer. *Classe* : du latin *classis*, armée. *Mars* est le dieu de la guerre. Le plus grand pays d'Afrique est le Soudan, pays islamique anti-occidental. *Duumvirat* signifie autorité exercée simultanément par deux personnes (États-Unis et Grande-Bretagne).

Les deux combattants seront unis quand ils seront alliés dans la guerre. Le plus grand d'Afrique (le Soudan) tremblera de frayeur. L'armée de ce duumvirat sera désunie ou séparée.

Coalition Irak, Iran, Afghanistan – Un chef militaire afghan à Marseille

III, 90

Le grand Satyre & Tigre d'Hircanie,
Don présenté à ceux de L'Ocean,
Un chef de classe istra de Carmanie,
Qui prendra terre au Tyrren Phocean.

Au figuré, un *satyre* est un personnage impudent, cynique. Le *Tigre* représente l'Irak et l'*Hircanie* était une province de l'empire des Perses, au bord de la mer Caspienne, aujourd'hui en Iran. *L'Ocean* désigne soit les Américains, soit l'Alliance atlantique (OTAN). *Classe* (du latin *classis*) : armée. *Istra* est le futur d'*issir*, qui signifie sortir. *Carmanie* : ancienne province de l'empire des Perses, aujourd'hui l'Afghanistan. *Phocean* désigne la ville de Marseille, l'antique Phocée dont Nostradamus a fait Phocean pour les besoins de la rime.

Le grand personnage cynique de l'Iran fera une offre aux Occidentaux. Un chef militaire sortira d'Afghanistan pour débarquer à Marseille par la mer Tyrrhénienne.

L'Iran soulève l'Algérie et la Tunisie

I, 73

France à cinq pars par neglect assaillie,
Tunys, Argal esmeuz par Persiens :
Leon, Séville, Barcellonne faillie,
N'aura la chasse par les Venitiens.

En ancien français, *neglect* signifie négligé. En moyen français, *faillir* : faire défaut, échouer et *chasse*, troupe.

La France sera attaquée par cinq pays (Tunisie, Algérie, Iran et...), la Tunisie et l'Algérie ayant été soulevées par l'Iran L'Espagne faisant défaut, (la France) n'aura pas de secours de l'Italie.

VIII, 84

Paterne aura de la Sicile crie,
Tous les aprests du goulphre de Trieste :
Qui s'entendra jusqu'à la Trinacrie,
De tant de voiles fuy, fuy l'horrible peste.

Paterno : ville de Sicile à l'ouest de Catane. *Aprest* signifie préparatif. *Trinacrie* : ancien nom de la Sicile. *Voiles* pour avions ou bateaux.

Il y aura des cris à Paterno en Sicile à cause des préparatifs du golfe de Trieste (mer Adriatique) qui s'entendront jusqu'à la Sicile. De tant d'avions fuyez, fuyez l'horrible peste (maladie ou calamité).

Montée en puissance des Frères musulmans en Égypte

II, 86

Naufrage à classe près d'onde Hadriatique,
La terre tremble esmeue sus l'air en terre mis,
Égypte tremble augment mahometique,
L'Héraut soy rendre à crier est commis.

En moyen français, *esmouvoir* signifie soulever ; *mettre en terre* : vaincre. *Augment* : croissance. *Héraut* : messager. *Commettre à* : confier. *Crier* : faire connaître par proclamation publique (médias).

Une flotte fera naufrage près de la mer Adriatique. La terre tremblera (tremblement de terre, bombardements ou chars), une flotte aérienne sera vaincue. L'Égypte tremblera par la poussée de l'islamisme, l'ambassadeur fera connaître une déclaration publique (appel à la guerre sainte ?).

Hébron : problème entre Israël et ses voisins

III, 4

Par la tumeur de Heb, Po, Tag, Timbre & Rome,
Et par l'Estang Léman et Arétin :
Les deux grands chefs et citez de Garonne,
Prins, morts, noyez. Partir butin humain.

La plupart des exégètes ont traduit *Heb* par le fleuve d'Espagne l'Èbre, qui n'a jamais été orthographié avec un H ; il s'agit de la ville d'Hébron en Israël, pomme de discorde entre l'État hébreux et les Palestiniens. Les *Arétins* sont les habitants d'Arezzo, ville d'Italie près du lac Trasimène.

À cause de la « tumeur » d'Hébron, du Pô, du Tage, du Tibre et de Rome et par le lac Léman et les habitants d'Arezzo, les deux grands chefs des cités de Garonne (Toulouse et Bordeaux) seront arrêtés et noyés. On fera partir des hommes comme butin.

Il faut noter que le président de l'Iran a traité Israël de « tumeur » !

Un pays dévasté (voisin d'Israël) – Séisme en mai

VI, 88

Un règne grand demourra désolé,
Auprès de l'Hébro se seront assemblées.
Monts Pyrénées le rendront consolé,
Lorsque dans May seront terres tremblées.

Un grand pays sera désolé, quand il y aura eu un rassemblement près d'Hébron. La consolation viendra des Pyrénées, lorsqu'il y aura un tremblement de terre en mai.

Coup de Jarnac au Moyen-Orient (Palestine ?)

Plusieurs quatrains laissent penser que l'origine du conflit serait trouvée au Moyen-Orient. On avait un peu oublié le colonel Kadhafi. Il a fait de nouveau parler de lui au sujet de l'attentat contre le Boeing de la PanAm au-dessus de Lockerby en Écosse.

I, 9

De L'Orient viendra le cœur Punique,
Fascher Hadrie, & les hoirs Romulides :
Accompagné de la classe Lybique,
Tremble Melites & proches Isles vuides.

Les mots *Punique*, *Poenus* (carthaginois en latin), Carthage ou Hannibal sont utilisés par Nostradamus pour désigner les pays musulmans et l'intégrisme islamique, particulièrement l'Afrique du Nord, dont les Carthaginois occupaient autrefois une partie, mais aussi en référence à la haine implacable que les Carthaginois vouaient aux Romains qui le leur rendaient d'ailleurs bien : *Delenda est Carthago* (« Carthage doit être détruite ») ! Les *hoirs Romulides* sont les héritiers de Romulus, c'est-à-dire les Italiens ; quant aux *Mélites*, ce sont les habitants de l'île de Malte. Cinq noms géographiques de ce quatrain concernent la Méditerranée et permettent donc de choisir le Moyen-Orient et non l'Extrême-Orient.

Un acte de mauvaise foi troublera l'Adriatique et les Italiens, l'armée ou la flotte libyenne fera trembler Malte et son archipel. Un petit clin d'œil prophétique doit être noté : le colonel Kadhafi a donné Hannibal comme prénom à l'un de ses fils, qui a eu des problèmes avec la justice suisse (la foi punique !).

III, 27

Prince Libinique puissant en Occident,
François d'Arabes viendra tant enflammer,
Scavant aux lettres sera condescendent,
La langue Arabe en François translater.

L'expression *savant aux lettres* est utilisée pour désigner les intellectuels ou, peut-être, la presse occidentale que le chef d'État libyen a amplement utilisée. En moyen français, *condescendre* signifie accepter.

Un chef d'État libyen sera puissant en (ou contre) Occident et viendra enflammer beaucoup d'Arabes contre les Français. Il sera accepté par les hommes de lettres. On parlera arabe en France.

V, 13

Par grand fureur le Roy Romain Belgique,
Vexer voudra par phalange barbare :
Fureur grinssant chassera gent Libyque,
Depuis Pannons jusques Hercules la hare.

L'expression *Roy Romain Belgique* est difficilement compréhensible ; l'événement apportera les précisions voulues. Le mot *phalange* signifie corps de troupes. La *Pannonie* est un ancien nom de la Hongrie. Le mot *Hercule* ne désigne pas ici le futur roi de France, comme on le verra plus loin, mais il s'agit d'un nom de lieu : Gibraltar est appelé les colonnes d'Hercule. *Hare* en ancien français est une sorte de meurtrière et signifie ici fortifications.

Les troupes islamiques voudront vexer le roi des Belges avec une grande fureur ; celui-ci, fou de rage, chassera les Libyens depuis la Hongrie jusqu'aux fortifications de Gibraltar.

V, 51

La gent de Dace, d'Angleterre & Polonne,
Et de Boesme feront nouvelle ligue,
Pour passer outre d'Hercules la colonne,
Barcins, Tyrrens dresser cruelle brigue.

Dace est l'ancien nom des Roumains. *Boesme* : la Bohême désigne l'Allemagne. Les *Barcins* étaient les membres d'une famille carthaginoise ; ce mot, comme *punique* ou *poenus*, désigne les islamistes de l'Afrique du Nord. En ancien français, *brigue* signifie rixe, tumulte.

Les peuples roumain, anglais, polonais et allemand d'Europe feront une nouvelle alliance pour franchir le détroit de Gibraltar, quand les islamistes auront engagé une lutte cruelle contre les habitants de la côte tyrrhénienne.

II, 60

La foy Punique en Orient rompue,
Grand Iud, & Rosne Loire, & Tag. Changeront,
Quand du mulet la faim sera repue,
Classe espargie, sang et corps nageront.

L'expression *grand Iud* désigne l'État hébreu, y compris les territoires occupés, en effet, le mot Judée désigne le pays des Juifs et comprenait toute la Palestine à l'époque des Maccabées (167 av. J.-C.). *La faim du mulet* est une allusion au proverbe « La mule du pape ne mange qu'à ses heures », ce qui signifie que, même si l'on vit dans la plus grande abondance, on ne peut manger avec plaisir que lorsqu'on a faim. Le verbe *espargier* veut dire en ancien français arroser, répandre.

Les accords musulmans seront rompus au Moyen-Orient. Le grand Israël, le Rhône, la Loire et le Tage subiront des changements quand l'appétit de conquête sera satisfait. La flotte sera arrosée (bombardée ?) ; le sang et les corps nageront.

Nostradamus donne dans le quatrain suivant l'axe d'extension du conflit depuis la Palestine jusqu'au Portugal en passant par le Rhône et la Loire. Puis il indique que l'Angleterre sera entraînée dans cette guerre.

II, 78

Le grand Neptune du profond de la mer,
De gent Punique & sang Gaulois meslé :
Les Isles à sang pour le tardif ramer,
Plus luy nuira que l'occult mal célé.

Comme dans le présage n° 2 qui concerne l'Angleterre et la guerre de succession d'Espagne, *le grand* Neptune, dieu de la mer, désigne l'Angleterre. Le verbe *ramer* signifie se servir de rames, ce qu'on peut comprendre par mettre la flotte en mouvement. *L'occult mal célé* signifie la vérité mal cachée.

L'Angleterre, depuis la mer qui l'entoure, verra les sangs musulman et français mêlés ; les îles Anglo-Normandes seront ensanglantées pour avoir mis la flotte en route trop tard ; ce qui leur nuira encore plus que leur politique de l'autruche.

Guerre en Italie

IV, 48

Planure Ausonne fertile, spatieuse,
Produira taons si tant de sauterelles,
Clarté solaire deviendra nubileuse,
Ronger le tout grand peste venir d'elles.

Planure (du latin *planura*) : plaine. *Ausonia* est l'ancien nom de l'Italie. La grande plaine riche d'Italie est la vallée du Pô. Les *taons* et les *sauterelles* représentent dans plusieurs quatrains des armes aériennes (avions et fusées). *Produire* (du latin *producere*) signifie conduire, amener.

Dans la plaine fertile et spacieuse d'Italie, on amènera une si grande quantité de fusées et d'avions que la clarté du soleil sera comme couverte de nuages. Une calamité (guerre bactériologique ?) viendra de ces armes et rongera tout.

X, 60

Je pleure Nisse, Mannego, Pize, Gennes,
Savone, Sienne, Capoue, Modène, Malte :
Le dessus sang & glaive par estrennes,
Feu, trembler terre, eau, mal'heureuse nolte.

Estrene signifie en ancien français rencontre, combat et le mot *glaive*, carnage. *Nolte* est une francisation du mot latin *noltis*, de *nolere* qui signifie ne pas vouloir.

Je pleure Nice, Monaco, Pise, Gênes, Savone, Sienne, Capoue, Modène et Malte qui seront submergées par le sang et le carnage à cause des combats, du feu (de la guerre), du tremblement de terre, d'une inondation, malheurs qu'on n'a pas voulus ou prévus.

Les villes citées dans ce quatrain se trouvent sur la grande faille de Méditerranée, de Nice jusqu'à Malte, faille connue grâce à la description de la tectonique des plaques faite par Alfred Wegener en 1912.

II, 81

Par feu du ciel la cité presque aduste,
L'urne menace encore Ceucalion,
Vexée Sardaigne par la Panique fuste,
Après le Libra lairra son Phaëton.

Les mots *grand cité* désignent toujours Paris. Le mot *cité* seul désigne donc une autre ville. Peut-être Londres dont le cœur est appelé la *« city »* ou Rome puisqu'il s'agit de l'Italie. *Aduste* veut dire brûlé en ancien français. L'*urne* désigne ici le suffrage universel. Le C de Ceucalion est une faute de typographie ; il s'agit en effet de Deucalion qui, comme Noé, fut chargé de sauver l'homme du déluge. Une *fuste* est un bateau de la classe des galères et désigne ici une flotte de guerre. *Libra* est le nom latin de la Balance (symbole de la Justice) et représente l'Italie et les Italiens, parce que le droit romain a été la base de tous les droits européens contemporains et tout particulièrement du Code civil français. *Phaéthon* (Φαέθων) est le nom grec de la constellation du Cocher qui désigne ici un guide ou un chef d'État. *Lairra* est le futur du verbe *laier* qui, en ancien français, signifie laisser.

Par un feu venu du ciel (bombardement, fusée ?), la cité est presque détruite. Le déluge (d'eau ou de feu ?)

menace encore. La Sardaigne sera molestée par une flotte musulmane, après que les Italiens auront abandonné leur chef d'État.

VI, 99

L'ennemy docte se tournera confus,
Grand camp malade, & defaict par embusches :
Monts Pyrenees & Poenus lui seront faicts refus,
Proche du fleuve découvrant antiques oruches.

Le mot *oruche* est un exemple de francisation d'un mot grec, comme cela se faisait couramment au XVIe siècle. Son origine est le mot ὀρυχη qui signifie trous, excavations.

L'ennemi rusé s'en retournera dans la confusion, sa grande armée malade et détruite par embuscades. Les Pyrénées et l'Afrique du Nord lui feront obstacle, quand on découvrira d'anciennes excavations (caches d'armes ?) près du fleuve.

Il est trop tôt pour savoir de quel fleuve il s'agit (la Seine, la Garonne ou autre ?).

Avignon capitale, Paris abandonné

III, 93

Dans Avignon tout le chef de l'Empire
Fera arrest pour Paris désolé :
Tricast tiendra l'Annibalique ire,
Lyon par change sera mal consolé.

Avignon deviendra capitale parce que Paris sera désolé, après que le Tricastin aura tenu la colère musulmane. Les Lyonnais se consoleront mal de ce changement de capitale.

Le *Tricastin* est la région de Saint-Paul-Trois-Châteaux au nord d'Avignon. C'est là qu'a été implantée l'usine d'enrichissement d'uranium qui fut financée en partie par le shah d'Iran en 1974. Après la révolution islamique en Iran en 1978, Téhéran avait demandé le remboursement du milliard de dollars prêtés. Ce litige fut une pomme de discorde entre la France et l'Iran jusqu'en 1986. On peut supposer que ce problème était le signe précurseur d'un problème plus important à venir entre les deux pays.

Dans un nombre important de quatrains, Nostradamus utilise systématiquement les mots de barbares, barbarique, barbarin ou barbaris pour désigner l'Islam et les islamistes, parce que le nom du Maghreb était États barbaresques ou Barbarie.

Présage 60, avril

Le temps purgé, pestilente tempeste,
Barbare insult. fureur, invasion :
Maux infinis par ce mois nous appreste,
Et les plus Grands, deux moins, d'irrision.

En ancien français, *irrision* signifie raillerie, moquerie.

Temps d'expiation et de troubles pestilents (pandémie) ; furieuse attaque islamique et invasion ; ce mois (avril 2009 ?) nous prépare à des malheurs infinis, les plus grands (chefs d'État) seront moqués, excepté deux.

Présage 31, octobre

Pluye, vent, classe Barbare Ister. Thyrrene,
Passer holcades Ceres, soldats munies :
Reduits bienfaits par Flor. franchie Sienne,
Les deux seront morts, amitiez unies.

Ister est en latin la partie inférieure du Danube. Le mot *holcade* est un mot grec (ὁλκας, ʽολκαδος) qui signifie bateau. *Ceres* était à l'époque romaine une petite ville de Toscane (mer Tyrrhénienne). *Munio* signifie en latin fortifier, retrancher. *Flor.* est l'abréviation de Florence, ville de Toscane.

L'hiver, l'armée islamique ira de la mer Tyrrhénienne jusqu'au Danube, fera passer des bateaux jusqu'à la Toscane avec des soldats armés, le bien-être ayant été perdu, Florence et Sienne ayant été franchies ; deux (personnages – chefs d'État russe et américain ?) seront morts, unis dans l'amitié.

II, 4

Depuis Monach jusqu'auprès de Sicile,
Toute la plage demourra désolée,
Il n'y aura faubourgs, cité, ne ville,
Que par Barbares pillée soit & volée.

Depuis Monaco jusqu'à la Sicile, toute la côte demeurera désolée ; il n'y aura ni faubourgs, ni cités, ni villes qui ne soient pillés et dépouillés par les islamistes.

III, 82

Erins, Antibor, villes autour de Nice,
Seront vastées fort par mer & par terre:
Les sauterelles terre & mer vent propice,
Prins, morts, troussez, pillez, sans loy de guerre.

Sauterelles: insectes terrestres et aériens, qui symbolisent l'aviation et l'armée de terre. *Avoir* l'avantage *du vent* signifie se trouver au vent de ce navire.

Les îles de Lérins, Antibes et les villes autour de Nice seront fortement dévastées par mer et par terre. La flotte apportant avions et soldats aura l'avantage. Les habitants seront faits prisonniers, tués, troussés, pillés sans loi de guerre.

VII, 6

Naples, Palerme & toute la Secille,
Par main barbare sera inhabitée,
Corsicque, Salerne & de Sardeigne l'Isle,
Faim, peste, guerre, fin de maux intemptée.

Naples, Palerme et toute la Sicile seront inhabitées à cause des forces islamiques, ainsi que la Corse. Salerne (ville située à cinquante-cinq kilomètres de Naples) et la Sardaigne, qui connaîtront la famine, l'épidémie, la guerre, puis la fin de ces maux qui s'étaient étendus.

IX, 42

De Barcelonne, de Gennes & Venise,
De la Secille peste Monet unis :
Contre Barbare classe prendront la vise,
Barbar poulsé bien loin jusqu'à Thunis.

Monet est la francisation de *Monoeci*, nom latin de Monaco. *Viser* signifie chercher à atteindre, poursuivre.

(Des troupes venues) de Barcelone, de Gênes, de Venise, de Sicile, réunies à Monaco où il y aura une épidémie, poursuivront l'armée islamique et la repousseront bien loin jusqu'à Tunis.

I, 28

La tour de Boucq craindra fuste barbare.
Un temps, longtemps après barque hespérique,
Bestail, gens, meubles, tous deux feront grand tare
Taurus & Libra quelle mortelle picque.

À l'entrée du port de Port-de-Bouc se trouve une tour. *Fuste* désigne toujours une flotte de guerre. L'*Hespérie* est l'ancien nom de l'Espagne et vient d'un mot grec qui signifie Occident et comprend donc les États-Unis. Le *Taurus* est une montagne d'Asie Mineure et désigne la Turquie ; *Libra*, nom latin de la Balance, désigne l'Italie.

Port-de-Bouc craindra une flotte islamique pendant un certain temps, et longtemps après arrivera une flotte occidentale (américaine ?). Ces deux flottes causeront de grands dégâts aux animaux, aux gens et aux biens mobiliers. Quelle mortelle attaque pour la Turquie et l'Italie.

IX, 83

Sol vingt de Taurus si fort terre trembler,
Le grand théâtre remply ruinera :
L'air, ciel et terre obscurcir et troubler,
Lors l'infidèle Dieu & saincts voquera.

Taurus présente sans doute une double signification : d'une part, en astronomie, le soleil parcourt la constellation du Taureau du 20 avril au 20 mai ; d'autre part, le Taurus est une chaîne de montagnes d'Asie Mineure et désigne la Turquie. En moyen français, *théâtre* signifie spectacle réjouissant. *L'infidèle invoquera Dieu et saints* : chez les musulmans, la guerre sainte est lancée au cri de « Dieu est grand ».

Entre le 20 avril et le 20 mai, en Turquie, la terre tremblera si fort (guerre ou tremblement de terre) que l'air, le ciel et la terre seront obscurcis, alors les musulmans invoqueront Dieu pour (la guerre) sainte.

I, 71

La tour marine trois fois prise & reprise,
Par Espagnols, Barbares, Ligurins :
Marseille & Aix, Arles par ceux de Pise,
Vast, feu, fer pillé Avignon des Thurins.

Cette tour marine est probablement celle de Port-de-Bouc du quatrain précédent.

La tour marine sera trois fois prise et reprise par les Espagnols, les islamistes et (les troupes de) Ligurie, Marseille, Aix-en-Provence et Arles par (les troupes venues) de Pise qui aura été dévastée, brûlée et pillée, Avignon sera prise (par des troupes venues) de Turin.

III, 56

Montauban, Nismes, Avignon & Besier,
Peste, tonnerre & gresle à fin de mars,
De Paris pont, Lyon mur, Montpellier,
Depuis six cens & sept vingt trois pars.

Pars veut dire région, contrée, en moyen français, et *depuis* après.

À Montauban, à Nîmes, à Avignon et à Béziers, il y aura l'épidémie, le tonnerre et la grêle (bombardements ?) à la fin mars, sur les ponts de Paris, les murs de Lyon et Montpellier après 2008, et pour vingt-trois départements ou pays.

I, 18

Par la discorde négligence gauloise
Sera passage à Mahomet ouvert :
De sang trempé la terre & mer sénoise,
Le port Phocen de voilles & nefs couverts.

Les *Sénois* sont les habitants de La Seyne-sur-Mer, port de réparation des bateaux de guerre près de Toulon, et *Phocen* est mis pour Phocée, nom grec de Marseille. *Nef* désigne les avions dont l'un des premiers noms fut aéronef.

Par la discorde et la négligence des Français, le passage sera ouvert aux islamistes. La terre et la mer de La Seyne-sur-Mer seront trempées de sang et Marseille sera couverte de bateaux et d'avions.

IX, 80

Le Duc voudra les siens exterminer,
Envoyera les plus forts lieux estranges :
Par tyrannie Bize, & Luc ruiner,
Puis les Barbares sans vin feront vendanges.

Le mot *duc* vient du latin *dux*, qui signifie chef d'une armée, général. En moyen français, *exterminer* signifie chasser, expulser. Bize est une petite ville du département de l'Aude, à moins que Nostradamus n'ait voulu citer Pise qui se trouve en Toscane comme Lucques (*Luca* en italien). *Faire sa vendange* est une expression qui signifie faire couler le sang.

Le général voudra expulser les siens (ses partisans) dont il enverra à l'étranger les plus forts (les plus dangereux). Par sa tyrannie, il ruinera le Languedoc (Bize) et la Toscane (Lucques et peut-être Pise). Puis les islamistes, qui ne boivent pas de vin, feront couler le sang.

V, 70

Des régions subjectes à la Balance,
Feront troubler les monts par grande guerre,
Captifs tout sexe deu & tout Bisance,
Qu'on criera à l'aube terre à terre.

En ancien français, *deu* est le dieu des chrétiens ; il désigne donc ici les chrétiens. L'expression *terre à terre* signifie très près de la terre ou du rivage.

Les régions d'Italie connaîtront des troubles dans les hautes montagnes (les Alpes et les Apennins qui culminent à 2 960 mètres) par une grande guerre. Il y aura des prisonniers chrétiens des deux sexes, même à Istanbul, parce qu'on criera au lever du soleil (en voyant la flotte) près du rivage.

V, 61

L'enfant du grand n'estant à sa naissance,
Subjuguera les hauts monts Appenis :
Fera trembler tous ceux de la Balance,
Et des monts feux jusques à Mont-Senis.

Le fils du grand (chef asiatique ?) n'étant qu'à ses débuts subjuguera les Apennins, fera trembler les Italiens et portera les feux (de la guerre) depuis ces monts jusqu'au Mont-Cenis.

IV, 50

Libra verra regner les Hespéries,
De ciel & terre tenir la Monarchie,
D'Asie forces nul ne verra peries,
Que sept ne tiennent par rang la hierarchie.

L'Italie assistera au triomphe de l'Occident (États-Unis – les Amériques ?) ; la monarchie occupera le ciel et la terre (portée par les médias, par satellite et presse écrite). Nul ne verra les forces asiatiques (islamistes ou/et Chine ?) détruites, tant que sept pays (le G7, les scpt pays les plus industrialisés) seront classés de façon hiérarchique (du plus riche au moins riche).

CHAPITRE 3

LA CHINE ET LE TIBET DANS LA GUERRE

L'invasion

Plusieurs quatrains viennent préciser la coalition anti-occidentale constituée par la Chine, la Russie et l'Islam dont il est question dans la *Lettre à Henry, roy de France second.* Le mot *Ciel* écrit avec une majuscule signifie, selon le contexte du quatrain ou du sixain, l'Église ou la Chine, « le Céleste Empire », nom emphatique de l'Empire chinois.

II, 29

L'Oriental sortira de son siège,
Passer les monts Apennins voir la Gaule :
Transpercera le Ciel, les eaux & neige,
Et un chacun frappera de sa gaule.

Siège : en moyen français, armée assiégeante. *Transpercer* : passer à travers. *Ciel* (noter la majuscule) : la Chine, le *Céleste* Empire. Himalaya en indien signifie séjour de la *neige*. *Gaule* (du grec *gaulos*) : vaisseau phénicien (avions et/ou bateaux).

L'Oriental (chef chinois ?) sortira avec son armée pour passer par l'Italie jusqu'en France, après être passé à travers la Chine, les mers et l'Himalaya (le Tibet) et fera des frappes par air et par mer.

Assassinat du Dalaï Lama ? – Pendaison de moines tibétains

Présage 85, juin

L'injuste bas fort l'on molestera,
Gresle, inonder, thresor, & gravé marbre :
Chef de suard peuple à mort tuera,
Et attaché sera la lame à l'arbre.

Bas : en moyen français, état inférieur, situation désespérée. *Fort* : résistant. *Molester* : tourmenter, importuner. *Gresle (graile)* : espèce de cornet ou de trompette, instrument à vent en corne ou en métal, qui rendait un son grêle, aigu et clair ; la conque (en tibétain *dounkar*) symbolise la propagation de l'enseignement du Bouddha. *Thrésor* : trésorier. Graver un fait sur le marbre : en perpétuer le souvenir. *Suard* (du latin *Suari*) : peuple en deçà du Gange (le Tibet). *Lame* pour lama, prêtre tibétain.

Un personnage injuste tourmentera le résistant en situation désespérée. Les conques sonneront, pendant inondation et crise des trésoriers (banquiers) et ce souvenir sera perpétué. Le chef tibétain sera mis à mort devant le peuple et le moine sera pendu.

Des troubles graves auront-ils lieu en mars 2009 pour le cinquantième anniversaire de la marche des Tibétains en 1959 ? En 1960, l'Inde autorisa l'installation d'un gouvernement tibétain en exil à Dharamsala, ville du nord de l'Inde, appelée « petite Lhassa ».

Chine – Japon – Pays musulmans

V, 32

Où tout bon est, tout bien Soleil et Lune,
Est abondant, sa ruine s'approche :
Du Ciel s'advance vaner ta fortune,
En mesme estat que la septieme roche.

Soleil : le Japon, pays du Soleil-Levant. *Lune* : les pays musulmans. *Advancer* : en moyen français, s'empresser, se hâter. *Vaner* : berner, tromper, duper. *Roche* : montagne, colline (Rome, la ville aux sept collines). *Estat* : charge, dignité, office.

Là où tout va bien, au Japon (pays riche) et dans l'Islam (pétrole) où les biens sont abondants, la ruine est proche : la Chine se hâte pour duper ta richesse et te mettre dans la même condition que Rome (l'Italie).

III, 7

Les fugitifs, feu du Ciel sus les piques,
Conflict prochain des corbeaux s'esbatans :
De terre on crie, aide, secours celiques,
Quand pres de murs seront les combattans.

Passer par les piques : en moyen français, être dans une situation dangereuse. *Corbeau* : croque-mort. *Esbattre* : se démener. *Célique* : céleste (double signification du Céleste Empire et de Dieu ?).

Les habitants en fuite seront en danger à cause du feu venu de Chine. Le prochain conflit donnera beaucoup de travail aux pompes funèbres. De toute la terre on criera et on demandera aide et secours au Ciel, quand les combattants seront près des villes.

Deux armées réunies entre l'Iran, l'Arabie, l'Arménie et le Tibet

III, 31

Aux champs de Mede, d'Arabe & d'Arménie,
Deux grands copies trois fois s'assembleront :
Pres du rivage d'Araxes la mesgnie,
Du grand Soliman en terre tomberont.

Mèdes ou Perses, aujourd'hui les Iraniens. *Copiae* en latin signifie troupes. *Trois fois s'assembleront* : en moyen français, marcher à trois fois, avancer en trois étapes. L'*Araxe* : autrefois l'Arach, c'est une rivière qui prend sa source au Tibet et poursuit son cours au Xinjiang, province autonome de la République populaire de Chine (ex-Turkestan). En ancien français, *mesgnie* signifie troupe. En ce qui concerne *le grand Soliman*, on pourrait tenter d'appliquer ce quatrain au règne de Soliman le Magnifique (1494-1566, année de la mort de Nostradamus), malheureusement, les campagnes décrites ici n'ont pas eu lieu à cette époque. Cependant, la Géorgie et le Daghestan furent conquis par Soliman en 1549 et 1550, soit cinq ans avant le début de la prophétie (1555). On est donc amené à considérer ce quatrain comme concernant des événements à venir, d'autant que la région considérée est aujourd'hui dans une instabilité dangereuse.

En Iran, en Arabie et en Arménie, deux grandes armées se rassembleront trois fois. La troupe ira de l'Himalaya jusqu'aux rives de l'Araxe et les soldats islamiques tomberont en terre.

La Turquie, l'Arabie, l'Iran, l'Algérie et l'Ukraine dans la guerre

V, 27

Par feu & armes non loin de la marnegro,
Viendra de Perse occuper Trébisonde
Trembler Phato, Methelin, sol alegro,
De sang Arabe d'Adrie couvert onde.

Marnegro: la mer Noire. *Trébisonde* est une ville turque sur cette mer. *Phato* vient de Phatares qui étaient un peuple de Méotide, aujourd'hui la Crimée, pomme de discorde entre la Russie et l'Ukraine. *Methelin* est l'ancienne Mytilène sur l'île grecque de Lesbos, sur la mer Égée, en face de la Turquie. Comme pour X, 38, *alegro* est l'anagramme d'Alger avec un *o* pour la rime avec *marnegro*.

Par la guerre et les armes, non loin de la mer Noire, (une armée) viendra d'Iran occuper Trébizonde. La

Crimée, la mer Egée et le sol algérien trembleront ; la mer Adriatique sera couverte de sang arabe.

Destruction d'Istanbul par la France – Secours venu du Portugal ou du Brésil

VI, 85

La grand cité de Tharse par Gaulois
Sera destruite, captifs tous à Turban :
Secours par mer du grand Portugalois,
Premier d'esté le jour du sacre Urban.

Le mot *Tharse* vient du grec *Thrassa* (θράσσα), la Thrace, dont la grande ville est Istanbul.

Istanbul sera détruite par les Français, à cause des prisonniers de l'Islam (otages ?).

Le secours d'un grand chef portugais ou brésilien (l'expression le grand Portugalois désigne peut-être le Brésil qui parle portugais) arrivera par la mer entre la Saint-Urbain (25 mai) et le premier jour de l'été (21 juin).

Il serait rassurant de se dire qu'un tel événement est impossible ; malheureusement, la France possède des sous-marins nucléaires d'attaque qui rendent envisageable cette destruction.

Cette guerre fera des dégâts sur la faune aquatique de la mer Noire :

II, 3

Pour la chaleur solaire sus la mer,
De Negrepont les poissons demy cuits,
Les habitants les viendront entamer,
Quand Rhod & Gennes leur faudra le biscuit.

Negrepont est un mot fabriqué par Nostradamus avec *nègre* et *pont* qui signifie la mer en grec ; il s'agit donc de la mer Noire (cf. *marnegro*).

À cause de la chaleur solaire (explosion atomique, la fission thermonucléaire étant semblable à des réactions solaires ?) sur la mer Noire, les poissons seront à moitié cuits et les habitants les détruiront, quand Rhodes et Gênes auront besoin de provisions.

Serait-ce la destruction d'Istanbul, annoncée dans le quatrain précédent, qui provoquerait cette catastrophe en mer Noire ?

Rôle de l'île de Rhodes – La victoire de l'Occident

IV, 39

Les Rhodiens demanderont secours,
Par le neglet de ses hoyrs delaissée,
L'Empire Arabe ravalera son cours,
Par Hesperies la cause redressée.

Hoyrs : héritiers. En ancien français, *ravaler* signifie faire descendre, diminuer. *Hesperies* mis au pluriel désigne les Occidentaux.

Les habitants de l'île de Rhodes, abandonnés par la

négligence de leurs héritiers, appelleront au secours. La course de l'Empire arabe sera freinée, car la situation sera redressée par les Occidentaux.

La Turquie poussée à la guerre par l'Iran – Tsunami ou troubles à Istanbul

V, 86

Par les deux testes, & trois bras séparés,
La grand cité sera par eaux vexée :
Des Grands d'entre eux par exil esgarés,
Par teste Perse Byzance fort pressée.

L'eau est utilisée par Nostradamus pour désigner soit une inondation, soit des troubles populaires. La *grand cité* désigne toujours Paris, capitale du pays du prophète, sauf, comme ici, lorsque cette expression est suivie d'une précision géographique *(Byzance)*, et comme dans le quatrain précédent *(de Tharse)*. En ancien français, *esgarer* signifie éloigner, écarter.

À cause de deux chefs d'État et de trois ministres qui s'en seront séparés, Istanbul sera atteinte par une inondation (tsunami ou des troubles). Certains d'entre les hommes de pouvoir seront écartés dans l'exil. Le chef d'État iranien pressera la Turquie (de se joindre à lui).

Propositions anglaises et allemandes au président iranien

III, 78

Le chef d'Escosse avec six d'Allemagne,
Par gens de mer Orientaux captifs :
traverseront le Calpre & Espagne,
Présent en Perse au nouveau roy craintif.

On peut se demander si Nostradamus désigne l'Angleterre ou les États-Unis, la Nouvelle-Écosse étant un État canadien limitrophe des États-Unis. *Calpé* est l'ancien nom de Gibraltar. *Craintif* : en moyen français, circonspect, prudent.

Le chef d'État anglais ou américain, avec six hommes politiques ou militaires allemands, après que des Orientaux (Irakiens à Guantanamo) auront été faits prisonniers par des marins (marines américains), traverseront l'Espagne et le détroit de Gibraltar pour faire une proposition au nouveau chef d'État iranien circonspect.

Les Anglais et les Allemands sont les principaux acteurs dans les propositions faites concernant le nucléaire.

Comète ou autre phénomène visible de la Suisse à la Méditerranée – Invasion de la Macédoine par l'Iran

II, 96

Flambeau ardent au ciel soir sera veu,
Près de la fin et principe du Rosne,
Famine, glaive, tard le secours pourveu,
La Perse tourne envahir Macédoine.

On verra un signe flamboyant (comète, fusée, phénomène atmosphérique?) dans le ciel, le soir, depuis la source (Suisse) jusqu'à l'embouchure du Rhône. On connaîtra la famine, le glaive (de la guerre); le secours arrivera tard. L'Iran reviendra envahir la Macédoine.

Comme des événements annoncés dans d'autres quatrains ne se sont pas produits depuis 1555, ils sont classés dans l'avenir.

Une pandémie entre 2008 et 2017

Dans plusieurs quatrains précédemment commentés, le mot peste apparaît associé à famine et sécheresse. Entre les armes biologiques mises au point dans des laboratoires secrets et les virus que « Dame Nature » sait créer (grippe aviaire?), l'humanité court un vrai danger.

Après les guerres du XXe siècle : grande guerre, famine, épidémie

II, 46

Après grand troche humain plus grand s'appreste,
Le grand moteur les siècles renouvelle ;
Pluye, sang, lait, famine, fer et peste,
Au ciel veu feu courant longue estincelle.

Troche en vieux français signifie rassemblement, troupe. *Lait* : symbole de douceur au figuré. *Longue étincelle* : comète, fusée, météore, astéroïde ?

Après un grand rassemblement de troupes (au XXe siècle), un autre plus important se prépare. Après la révolution et le sang qu'elles auront répandu, mettant fin à la douceur de vivre. On connaîtra la famine, le fer de la guerre et l'épidémie, puis une grande étincelle courra dans le ciel.

Comme précédemment, le quatrain suivant réunit plusieurs signes précurseurs : la crise économique, la famine, la guerre (ex-Yougoslavie, Irak, Afghanistan, Caucase), les massacres (épuration ethnique, terrorisme, Rwanda, etc.) et une épidémie.

VIII, 17

Les bien aisez subit seront desmis,
Le monde mis par trois frères en trouble,
Cité marine saisiront ennemis,
Faim, feu, sang, peste, & de tous maux le double.

En ancien français, *desmetre* signifie dépouiller.

Les riches seront subitement dépouillés. Le monde sera troublé par trois frères (trois pays islamiques ?) et les ennemis s'empareront de la cité marine (Marseille ou autre). On connaîtra alors la famine, la guerre, les massacres, l'épidémie, et encore le double de tous ces maux.

Présage 27, mai

La mer Tyrrhene de différente voile.
Par l'Océan seront divers assaults :
Peste, poison, sang en maison de toile,
Presults, Legats esmeus marcher mer haut.

Presults est mis pour présulats, qui signifie en ancien français conseil, assemblée des chefs. *Légat* : ambassadeur du pape.

À cause de plusieurs avions ou bateaux dans la mer Tyrrhénienne, plusieurs attaques viendront de l'océan Atlantique, les gens atteints par l'épidémie, la drogue ou blessés dans les tentes (hôpitaux militaires de campagne ou camps de réfugiés). Des réunions ayant été tenues, les ambassadeurs du Vatican partiront en haute mer.

Europe et Islam : l'affrontement

Les événements annoncés concernant l'affrontement entre l'Occident et les pays musulmans ont un caractère catastrophique et épouvantable. Comme il a été précisé dans le préambule, il y a souvent dans les centuries une exagération des horreurs des guerres, des folies des hommes rendues terrifiantes par un récit, certes concis, mais rédigé dans un vocabulaire explicite. On peut se demander si cette méthode n'a pas un but pédagogique, pour faire réfléchir, puis réagir, afin d'atténuer l'aspect apocalyptique de l'histoire de l'homme, empêcher celui-ci de s'autodétruire et, par là même, le conduire à son salut.

Qui aurait pu imaginer, hormis le prophète, qu'un islamiste dur et pur arriverait à la tête de l'Iran, la plus grande puissance du Moyen-Orient, et que les élections palestiniennes mettraient au pouvoir un mouvement classé « terroriste » par les instances internationales ? Tous les dictateurs ont utilisé le suffrage universel pour se faire plébisciter et, par voie de conséquence, s'offrir une légalité incontestable ! L'historien est amené à se poser la question de la valeur de ce merveilleux système, base de la démocratie, mais qui est souvent détourné.

Il faut ici citer les propos tenus par Michel Debré, lors de la guerre du Golfe (les références aux quatrains de Nostradamus qui suivent ont été mises en italique) : « Ce que nous vivons n'est que le début d'une nouvelle guerre de Cent Ans. Une *guerre implacable* dont l'enjeu le plus immédiat est le maintien ou la disparition de la France comme puissance européenne et *méditerranéenne*. Parce que notre flanc sud est le plus exposé à une poussée de fièvre dans le monde arabe, parce que notre natalité marque le pas depuis longtemps devant la *démographie musulmane, conquérante* s'il en est, parce que l'Histoire a montré que les nations jeunes finissent toujours par imposer leur loi aux nations vieillies, il est clair que nous sommes concernés au premier chef par ce qui se passe en *Méditerranée.* »

Le 30 mars 1995 se tint à Khartoum la troisième Conférence populaire arabe et islamique. Le lendemain, on pouvait lire dans *Le Monde* sous la plume de Mouna Naïm, dans un article intitulé « La Conférence islamiste de Khartoum dénonce le sionisme et l'impérialisme occidental » : « M. Tourabi, secrétaire général de la conférence, éminence grise du régime soudanais, a fustigé ceux qui, en Occident, ont battu le rappel de leurs forces et *proclamé leur hostilité à l'Islam.* [...] Il a vivement critiqué *les dirigeants arabes musulmans* qui ont trahi les Palestiniens et aussi *cette institution mondiale que l'on appelle l'ONU*, devenue, selon lui, *un instrument dirigé contre les pays musulmans.* [...] En apparence, les participants au forum de Khartoum sont fort différents et leurs préoccupations immédiates très diverses : Tchétchénie, Bosnie, Iran, Albanie, Kosovo, Cameroun, Bénin, Pakistan. Ils n'en ont pas moins tous un dénominateur commun : le Coran. »

Nostradamus a consacré des sixains à un personnage qu'il appelle *le pourvoyeur*. En moyen français, un pourvoyeur est un fournisseur, une personne chargée de l'approvisionnement. Ce terme désigne probablement les États-Unis, grand pourvoyeur d'armement.

Dans le sixain suivant, Nostradamus, pour préciser le moment où se produira un événement, a indiqué une conjonction Mars, Saturne et Lune en Bélier qui ne se produit qu'une fois par siècle. Cette conjonction a eu lieu le 28 mars 1998.

Sixain 46

Le pourvoyeur mettra tout en desroute,
Sangsue & loup en mon dire n'escoute
Quand Mars sera au signe du Mouton
Joint à Saturne, & Saturne à la Lune,
Alors sera ta plus grande infortune,
Le Soleil lors en exaltation.

Au sens figuré, une *sangsue* est une personne qui tire de l'argent par des exactions ou tout autre moyen – Nostradamus a-t-il voulu désigner ici la puissance de l'argent dans le capitalisme de l'Occident et l'endettement des pays émergents, dont le Japon (le Soleil-Levant) ? Cette hypothèse serait renforcée par l'alliance de la sangsue avec l'Allemagne (le loup) dont la monnaie était une des plus fortes des pays riches. En ce qui concerne le

Soleil, on verra dans le sixain suivant un lien entre le pourvoyeur et l'Église. En astrologie, *l'exaltation* est une dignité planétaire qui accentue, en bien ou en mal, selon sa nature, les présages fournis par une planète dans l'interprétation d'un horoscope.

Les États-Unis provoqueront une déroute générale. Les pays riches et l'Allemagne n'écoutent pas mon propos. Le 28 mars 1998 sera ta plus grande infortune (contraire de fortune : ruine économique). Le Japon sera en difficulté.

Apparemment, il ne s'est rien produit de particulier le 28 mars 1998. Cependant, il est des événements capitaux qui ne sont pas répercutés par les médias. Le *Figaro Économie* du 1er octobre 1998, sous le titre « Une perte de confiance devenue planétaire », écrivait : « La crise partie d'Asie a peu à peu miné toutes les relations de confiance. Les investisseurs avaient cru trouver des abris en Europe et aux États-Unis. Ils ne recherchent plus que la sécurité. [...] Les ministres des Finances et les gouverneurs de banques centrales, qui vont se retrouver la semaine prochaine à l'assemblée générale du FMI à Washington, ont établi un diagramme qui fait ressortir les trois grandes étapes de "ce drame dont la scène est le monde", tout en identifiant les différents foyers d'incendie. *Le premier acte, qui s'est terminé en mars 1998, a été exclusivement asiatique.* [...] Le deuxième acte est resté encore centré sur les économies asiatiques. [...] Ce deuxième acte est marqué sur le plan financier par ce qu'on a appelé la "*recherche de la qualité*" de la part des investisseurs. L'argent se répand à flot sur l'Europe et l'Amérique du Nord. D'où les records boursiers qui connaîtront leur zénith le 17 juillet à New York. Fin du deuxième tableau. Le troisième commence à

Moscou. [...] Plus de doute, la crise internationale fait tomber la Russie. [...] » En conclusion, l'article cite l'économiste John Maynard Keynes : *« Ce qui arrive, en fin de compte, ce n'est pas l'inévitable, mais l'imprévisible. »* Cette crise économique, passée presque inaperçue, présageait celle de 2006 et des années suivantes, crise venue d'Asie et qui continue de se développer aux dépens de l'Occident.

Toute la différence entre le rationaliste et le prophète se trouve résumée dans cette dernière phrase. Malgré toutes leurs connaissances, nos économistes ont été incapables de prévoir *« l'imprévisible »... Quod erat demonstrandum* (ce qu'il fallait démontrer).

Dans la *Lettre à Henry, roy de France second*, Nostradamus écrit à propos du conflit à venir et des persécutions contre les chrétiens : *« Alors il sera fait aux Églises plus de persécutions qu'il n'en fut jamais faites. Et sur ces entrefaites commencera une si grande pestilence que plus des deux tiers de l'humanité périront. À tel point qu'on ne connaîtra plus le propriétaire des champs et des maisons et que l'herbe poussera dans les rues des villes plus haute que les genoux. »* La nouvelle grippe aviaire venue d'Asie et les menaces qui s'amoncellent au Moyen-Orient, les églises brûlées en Irak constitueraient-elles le commencement de réalisation de ces prophéties ?

Présage 9, juillet

Huit, quinze & cinq quelle desloyauté.
Viendra permettre l'explorateur malin :
Feu du ciel foudre, poeur, frayeur papauté
L'Occident tremble. Trop serre vin salin.

Desloyauter : en ancien français, manquer à sa foi (l'Iran ?) (cf. *la foi punique*). En moyen français, *permettre* : livrer, transmettre ; *explorateur* : avant-garde d'une armée ; *serre* : prison et *salin*, qui a le goût du sel.

En 2009, 2016 et 2021, quelle mauvaise foi apportera l'avant-garde de l'armée. Des bombardements feront peur et mettront la papauté dans la frayeur. L'Occident tremble. Pour trop de prisonniers le vin aura le goût du sel.

Sixain 29

Le Griffon se peut apprêter
Pour à l'ennemy resister,
Et renforcer bien son armée,
Autrement l'Elephant viendra
Qui d'un bord le surprendra,
Six cent & huict mer enflammée.

Griffon : animal fabuleux, habitait sur les monts Rhipéens, entre les Hyperboréens et les Arimaspes ; le mot griffon a été donné à toutes les montagnes du nord de l'Europe et désigne la Russie. *L'Eléphant* était une montagne d'Arabie.

La Russie peut se préparer à résister à l'ennemi et renforcer son armée, sinon l'Arabie surgira d'un côté par surprise, et la mer s'embrasera en 2009 (mer Noire ?).

Sixain 56

Tost l'Eléphant de toutes parts verra
Quand pourvoyeur au Griffon se joindra,
Sa ruine proche, & Mars qui toujours gronde :

Fera grands faicts auprès de terre saincte,
Grands étendars sur la terre & sur l'onde,
Si la nef a esté de deux freres enceinte.

Tost : en moyen français, rapidement. *Enceindre* : encercler. *Faicts* : crimes. *Si* : au point que. *Le pourvoyeur* désigne les États-Unis, premier producteur mondial d'armement.

L'Arabie se verra (en danger) quand la Russie se joindra aux États-Unis. Sa ruine est proche, et la guerre qui gronde toujours sera cause de grands crimes en Palestine. De grandes armées seront réunies sur terre et sur mer, au point que le Vatican sera encerclé par deux forces alliées.

X, 86

Comme un gryphon viendra le roy d'Europe,
Accompagné de ceux de l'Aquilon :
De rouges & blancs conduira grande troppe,
Et iront contre le roy de Babylon.

Troppe : en moyen français, rassemblement armé de dimension variable. *Babylone* : l'Irak.

Le chef de l'Europe (l'OTAN ?) viendra comme le chef de la Russie accompagné par les Russes ; ils conduiront une coalition de plusieurs pays et marcheront contre l'Irak.

Chapitre 4

LE CHEF ASIATIQUE (CHINOIS ?)

Après les persécutions de l'Empire romain avec Néron vinrent, au Ve siècle, les persécutions des *barbares* avec Attila et ses hordes asiatiques, puis celles des Sarrasins à partir du VIe siècle, et enfin celles des Mongols au XIIIe siècle.

À partir du VIIIe siècle, et surtout au XIe, les peuples chrétiens, pour lutter contre les invasions arabes, ont manié l'épée, ignorant ainsi l'avertissement donné par Jésus à Pierre au jardin des Oliviers.

Le christianisme et son éthique non violente serviront fort probablement de base aux rapports entre les hommes au moment de l'établissement de la paix universelle annoncée par l'Apocalypse comme par Nostradamus. Cela expliquerait la phrase du Christ : « Mon royaume n'est pas de ce monde », c'est-à-dire de l'ère chrétienne qu'il était en train d'ouvrir au Ier siècle. Le christianisme recommencerait pratiquement de zéro dans une immense persécution semblable à celle qui vit sa naissance. Mgr Lustiger ne dit pas autre chose quand il a déclaré : « Le christianisme est à venir. »

Le chef asiatique (chinois ?)

Voici comment Nostradamus annonce ce personnage venu d'Asie comme ses prédécesseurs, Attila et Gengis Khan :

X, 75

Tant attendu ne reviendra jamais,
Dedans l'Europe, en Asie apparoistra :
Un de la ligue issu du grand Hermès,
Et sur tous roys des Orients croistra.

Dans la mythologie grecque, *Hermès*, appelé Mercure par les Romains, est le messager des dieux, c'est-à-dire du ciel. Cela est probablement une allusion à l'origine asiatique. Il était le dieu de la ruse, soit en paroles et en actions, soit même par fraude, parure et larcin. À cause de cela, il est considéré comme le dieu des voleurs (allusion aux pillages auxquels se livrèrent les deux premiers conquérants asiatiques, Attila et Gengis Khan). Enfin, Hermès était le dieu de l'éloquence ; ce personnage sera un tribun qui enflammera de nombreux pays contre l'Occident. Le mot *ligue*, pris en mauvaise part, signifie coalition ou complot. Par le pluriel *les Orients*, Nostradamus désigne le Moyen-Orient et l'Extrême-Orient.

Celui qui aura été tant attendu (dans tous les textes prophétiques de la tradition occidentale) sera chassé définitivement. Il apparaîtra en Asie pour venir en Europe. Il sera issu d'une coalition de pillards et croîtra en pouvoir sur plusieurs chefs d'État du Moyen-Orient et de l'Extrême-Orient (peuples jaunes et islamiques d'Asie).

Cette dernière invasion antichrétienne en Europe, venue d'Asie, est précisée dans la *Lettre à Henry, roy de France second* : « *La persécution des gens d'Église prendra son origine dans la puissance de la Russie unie avec les Orientaux* [Chinois ?]. *Et cette persécution durera un peu moins de onze ans, et c'est alors que s'effondrera le principal État, à savoir la Russie. Ces onze années révolues surgira son allié méridional* [pays islamiques du Moyen-Orient] *qui persécutera avec encore plus de violence, pendant trois ans, les gens d'Église, par le moyen d'une séduction apostatique d'un personnage qui tiendra sa toute-puissance de l'Église militante* [intégrisme islamique], *et le saint peuple de Dieu, observateur de Sa loi et tous ordres religieux seront grandement persécutés et affligés, tellement que le sang des ecclésiastiques coulera partout, et un des horribles chefs d'État temporels* [l'Iran ?] *recevra de telles louanges qu'il en profitera pour répandre plus de sang humain d'innocents hommes d'Église que nul ne saurait avoir autant de vin ! Et ce chef-là commettra d'incroyables forfaits contre l'Église, au point que le sang humain coulera dans les rues et dans les églises comme l'eau par forte pluie, et les fleuves qui nous sont proches rougiront de sang, et, en outre, la mer rougira à cause d'une grande guerre navale, si bien que les rapports qui en seront faits* [médias] *d'un chef d'État à l'autre pourront dire : les guerres navales ont rougi la surface de la mer. Puis, dans cette même année et durant les suivantes, cela entraînera la plus horrible pestilence qui s'ajoutera à la famine précédente et l'on connaîtra de si grandes tribulations qu'il n'en était jamais arrivé de telles depuis la fondation de l'Église du Christ, et cela par toutes les régions d'Italie. Cela laissera des traces dans toutes les régions d'Espagne.*

« C'est alors que le troisième chef de la Russie, entendant la plainte du peuple et sa principale revendication, dressera une très grande armée et franchira les Détroits [mer Baltique, Bosphore, détroit d'Ormuz, golfe d'Aden] *qui avaient été convoités par ses aïeuls et bisaïeuls, pour le remettre en son état. Puis le grand Capétien* [le futur roi de France, appelé grand CHYREN] *sera remis en son état primitif, mais, à la fin, son règne sera désolé et tout sera abandonné, pour en arriver à la destruction du Saint des Saints* [Rome] *par le paganisme. L'Ancien et le Nouveau Testament seront interdits et brûlés, après quoi l'Antéchrist sera le prince infernal ; et pour la dernière fois, tous les pays chrétiens trembleront, et aussi à cause des infidèles* [islamiques] *pendant vingt-cinq ans, il y aura des guerres et des batailles encore plus ruineuses, et les villes, les villages, les châteaux et autres édifices seront brûlés, désolés ou détruits avec une grande effusion de sang de jeunes filles, de femmes mariées, de veuves violées, les nourrissons jetés contre les murs des villes qui seront ainsi heurtés et brisés, et tant de malheurs seront provoqués par Satan, prince des Enfers, et presque toute la planète sera désorganisée et désolée. Après ce temps que les hommes auront trouvé long, la face de la terre sera renouvelée par l'avènement de l'âge d'or. Dieu le Créateur ordonnera, entendant l'affliction de son peuple, que Satan soit enchaîné et jeté dans l'abîme de l'enfer, dans la profonde fosse : commencera alors entre Dieu et les hommes une paix universelle, et Satan demeurera lié pendant environ mille ans, ce qui apportera une plus grande force à la puissance de l'Église, et puis il sera à nouveau délié. »*

Pour nommer ce chef asiatique, Nostradamus fait référence à la Hongrie, parce qu'Attila avait installé son quartier général en Hongrie (alors la Pannonie) sur la rive gauche du Danube. Étymologiquement, le mot Hongrie signifie pays des Huns.

Sixain 47

Le grand d'Hongrie, ira dans la nacelle,
Le nouveau né fera guerre nouvelle
A son voisin qu'il tiendra assiégé,
Et le noireau avec son altesse,
Ne souffrira que par trop on le presse,
Durant trois ans ses gens tiendra rangé.

Le mot *nacelle*, étant une partie d'un aéronef, désigne fort probablement une machine volante ; en effet, le mot fut utilisé au début du siècle pour les dirigeables. *Noiraud* se dit d'une personne qui a les cheveux très noirs et le teint brun, comme le mot noir, ce terme désigne probablement un chef islamique.

Le grand chef des Huns (asiatique) viendra par avion. Ce nouveau venu fera une nouvelle guerre à son voisin (l'Europe de l'Ouest) qu'il assiègera, et le chef islamique, avec son orgueilleuse autorité, ne supportera pas qu'on l'opprime (embargo ?) et tiendra en réserve ses soldats (gens d'armes) pendant trois ans.

La Chine dans le conflit

V, 47

Le grand Arabe marchera bien avant,
Trahy sera par le Bisantinois :
L'antique Rodes lui viendra au devant,
Et plus grand mal par austre Pannonois.

Bisance, ancienne capitale de l'Asie Mineure, désigne la Turquie. En ancien français, *venir au devant* signifie empêcher. *Panonnois* de Hongrie qui tire son nom des Huns.

Le grand chef arabe (Ben Laden ?) se mettra en guerre bien avant (les autres) ; il sera trahi par le chef turc ; l'antique Rhodes (la Grèce) lui fera obstacle et l'autre chef asiatique (Chine ?) provoquera encore plus de malheur.

V, 48

Après la grande affliction du sceptre,
Deux ennemis par eux seront défaicts :
Classes d'Afrique aux Pannons viendra naistre,
Par mer & terre seront horribles faicts.

Ce quatrain se rapporte au précédent. Il est à noter qu'il est fort rare que Nostradamus mette à la suite deux quatrains concernant les mêmes événements. En ancien français, *naistre* signifie poindre. Après la grande oppression du pouvoir, deux ennemis seront battus par eux (les Asiatiques). Les armées venues d'Afrique (probablement du Maghreb) viendront se joindre aux Asiatiques et feront d'horribles actes sur terre et sur mer.

III, 60

Par toute Asie grande proscription,
Mesme en Mysie,Lysie & Panphilie :
Sang versera par absolution,
D'un jeune noir remply de felonnie.

« Depuis l'Antiquité, on trouve bien des exemples de sanglantes proscriptions, ayant presque toujours pour objet de frapper non des coupables, mais des adversaires politiques [1]. » La Mysie, la Lysie et la Pamphylie sont des régions d'Asie Mineure, aujourd'hui la Turquie. *L'absolution* est l'action d'absoudre juridiquement un accusé. *Noirs* est le nom donné à la dynastie musulmane des Abbassides dont la capitale fut Bagdad, parce qu'elle avait adopté la couleur noire pour ses vêtements et ses drapeaux : *un jeune noir* désigne probablement le bras droit de Ben Laden en Irak, dont la tête est mise à prix. Le contexte permet de dire que le mot *par* est mis pour *para* avec une élision du *a* devant absolution, et signifie donc contre.

À travers toute l'Asie, il y aura de sanglantes condamnations pour raisons politiques, et même en Turquie. Le sang sera versé sans pitié par un héritier des Abbassides plein de félonie.

Les condamnations et exécutions d'opposants politiques en Chine, qui durent depuis des années (voir la place Tien an men), sont indiquées dans ce quatrain. En ce qui concerne la Turquie, il s'agit de la répression contre les Kurdes, outre que de nombreux opposants au

1. Dictionnaire Larousse.

régime sont en prison. Nostradamus relie entre elles ici les proscriptions dans les pays d'Extrême-Orient et du Moyen-Orient.

En ce qui concerne l'époque de ces événements, la *Lettre à Henry, roy de France second* donne de précieuses indications : « *Toutefois, espérant avoir laissé par écrit les événements qui toucheront les ans, les villes, les cités, les régions ; et même les années 1585 et 1606, à partir d'aujourd'hui, le 14 mars 1557. Et allant bien au-delà de ces dates jusqu'à l'avènement du début du septième millénaire* [l'an 2000], *par une mûre réflexion, jusqu'à mon calcul astronomique et autre connaissance m'ont permis d'aller ; époque à laquelle les adversaires de Jésus-Christ et de son Église* [communistes et islamistes] *commenceront à pulluler.* »

L'alliance entre la Russie et la Chine est précisée un peu plus loin dans cette lettre : « *Ô quelle calamiteuse affliction connaîtront alors les femmes enceintes* [allusion aux effets de la radioactivité] *et le principal chef oriental* [la Chine] *sera soulevé par la Russie, les Occidentaux ayant été vaincus.* »

Un autre passage de cette lettre donne la même indication et annonce, en outre, l'établissement d'une paix universelle : « *Cela sera du côté de l'Aquilon* [la Russie] *par la volonté divine et cela aura lieu une fois que Satan aura été enchaîné ! C'est alors que sera faite une paix universelle entre les hommes et que l'Église de Jésus-Christ sera délivrée de toute tribulation, après que les habitants de Gaza* [les Palestiniens] *auront voulu mêler du fiel au miel* [image de perfidie] *par leur infâme séduction, et cela sera proche du septième millénaire* [1999-2000], *de telle sorte que le sanctuaire de Jésus-Christ* [le

Saint-Sépulcre à Jérusalem] *ne sera plus foulé au pied par les infidèles* [les musulmans – allusion au saccage opéré par le roi des Perses Khosroês II en 614] *qui viendront de la Russie* [Républiques islamiques de la Communauté des États indépendants], *le monde approchant d'une grande conflagration* [près du VIIe millénaire], *bien que mes supputations dans mes prophéties ne couvrent pas tout le cours du temps qui va beaucoup plus loin.* » Cette dernière phrase signifie bien qu'il s'agit de la fin d'« un » monde et non de la fin « du » monde.

IV, 68

En l'an bien proche non esloigné de Vénus,
Les deux plus grands de l'Asie & d'Affrique,
Du Ryn et Hister qu'on dira sont venus,
Cris, pleurs à Malte & costé ligustique.

Vénus symbolise l'ouest dans la Kabbale. Par ailleurs, les populations qui peuplaient l'Amérique avant l'arrivée des Européens fondaient leur calendrier sur le cycle de Vénus. Enfin la statue de la Liberté est une belle femme comme Vénus dans la mythologie. Vénus est utilisée par Nostradamus, symboliquement, pour désigner les républiques. C'est pourquoi il est fort probable qu'ici Vénus désigne la république des États-Unis. Les deux plus grands pays d'Asie et d'Afrique sont respectivement la Chine avec 9 561 000 km^2 et le Soudan avec 2 505 813 km^2. *Hister* est l'ancien nom du Danube. Les côtes ligustiques concernent la Ligurie en Italie.

L'année s'approche où l'Amérique dominera, on dira alors que Chinois et Soudanais sont venus du Rhin et du

Danube (après des combats dans la mer Adriatique ?). Il y aura alors des cris et des pleurs à Malte et sur la côte ligure.

La capitale du Soudan, Khartoum, est le siège de la Conférence panislamique, où sont régulièrement tenus des propos violemment antioccidentaux. Ce quatrain est à rapprocher des quatrains concernant le ravage des côtes méditerranéennes par les islamistes.

V, 11

Mer par solaires seure passera,
Ceux de Vénus tiendront toute l'Affrique
Leur règne plus Saturne n'occupera,
Et changera la part Asiatique.

Nostradamus désigne par *solaires* les habitants du Soleil-Levant, c'est-à-dire le Japon. En ancien français, *seure* signifie sécurité. Saturne symbolise l'âge d'or (2026).

On franchira la mer en sécurité grâce aux Japonais. Les Américains tiendront toute l'Afrique, leur puissance ne tiendra que jusqu'à l'âge d'or (2026) et la partie de l'Asie (Japon ?) subira des changements.

V, 53

La loy du Sol, & Vénus contendans,
Appropriant l'esprit de prophétie :
Ne l'un ne l'autre ne seront entendus
Par Sol tiendra la loy du grand messie.

Contendre signifie en ancien français combattre. *Approprier* veut dire acquérir. Pour Nostradamus, qui est catholique, le *grand messie* ne peut être que le Christ.

Américains et Japonais, combattant sous la même loi, s'approprieront la diffusion du message prophétique (du Christ). Ni l'un ni l'autre ne seront écoutés. La loi du grand messie (le Christ) se maintiendra grâce au Japon.

Ce quatrain laisse supposer que, lors de l'avènement de la paix universelle, aux environs de 2026, les États-Unis et le Japon joueront ensemble un rôle capital dans l'instauration de l'éthique chrétienne non violente. En juillet 1995, la 6e chaîne de télévision japonaise m'a rendu visite pour m'apprendre que le gourou de la secte Aum utilisait des quatrains de Nostradamus ainsi que mon premier livre de 1980 pour se présenter comme le vrai messie. Il avait même affirmé qu'il avait pris contact avec moi, mais que j'avais refusé de le recevoir. De tels mensonges sont courants de la part des gourous de toutes les sectes qui pullulent actuellement sur la planète. Cette même chaîne de télévision m'a également appris qu'il y avait en Corée une secte qui avait pris le nom de Nostradamus. Quelle honte !

En outre, plusieurs interprètes des centuries se prennent soit pour la réincarnation de Nostradamus, soit pour celle de son fils César, ou encore se présentent comme ayant reçu une mission divine ou non. Pauvre Nostradamus, utilisé à des fins mercantiles ou par des cerveaux dérangés ! Son œuvre a attiré des gens intellectuellement et psychologiquement fragiles, des névrosés qui ont construit de véritables délires ou des mystificateurs, des imposteurs et des charlatans qui ne voient dans ses prophéties qu'une source de revenus.

Le quatrain suivant indique, une fois encore, l'union entre les États-Unis et le Japon contre l'Islam, appelé *selin*, du mot grec *selênê* qui signifie la lune.

VI, 58

Entre les deux monarques eslongnez,
Lorsque le Sol par selin clair perdue :
Simulté grande entre deux indignez,
Qu'aux isles & Sienne la liberté rendue.

Les deux chefs d'État éloignés (par rapport à la ville de Salon où le texte est écrit) sont ceux des États-Unis et du Japon séparés par l'océan Pacifique. En ancien français, *simulté* signifie haine, inimitié. *Indigner* : haïr, mépriser. Les *îles* désignent toujours les îles Britanniques.

Entre les deux présidents des États-Unis et du Japon, lorsque le Japon aura fait perdre son éclat au croissant (de l'Islam), la haine sera grande (contre l'Islam) entre les deux États haïs (par les islamistes), jusqu'à ce que l'Angleterre et l'Italie soient délivrées.

VI, 98

Ruyne aux Volsques de peur si fort terribles,
Leur grand cité taincte, faict pestilent :
Piller Sol, Lune, & violer leurs temples,
Et les deux fleuves rougir de sang coulant.

Les *Volsques* étaient une ancienne nation de l'Italie, dont le territoire était séparé du pays des Étrusques par le Tibre. Les *deux fleuves* dont il est question sont probablement le Tibre et le Pô, qui sont les deux principaux fleuves d'Italie.

Les Italiens connaîtront une ruine si forte et si terrible qu'elle entraînera la panique. Leur grande cité (Rome) sera teinte (de sang). L'Islam pillera (les biens) japonais et les églises (ou les banques *temples* de l'argent) ; le Tibre et le Pô rougiront du sang qui coulera.

Sixain 15

Nouveau esleu patron du grand vaisseau,
Verra longtemps briller le cler flambeau
Qui sert de lampe à ce grand territoire,
Et auquel temps armez sous son nom,
Joinctes à celles de l'heureux de Bourbon,
Levant, Ponant, & Couchant sa mémoire.

Comme le mot *nef*, le grand vaisseau désigne l'Église catholique et particulièrement le Vatican. *Cler* signifie illustre en ancien français. Le mot *lampe*, au figuré, désigne une source de vie ou de clarté. Le mot *couchant* se rapporte à l'Amérique et le mot *Ponant*, utilisé jadis dans la Méditerranée pour désigner l'Océan, indique ici l'Europe de l'Ouest.

Le nouvel élu de l'Église (le pape) verra briller longtemps l'illustre flambeau (la torche enflammée de la statue de la Liberté à New York) qui sert de symbole de vie à ce grand territoire (États-Unis), et dans les temps où ils seront en armes au nom (de la liberté), joints aux armées de l'heureux Bourbon (le grand Chyren, Henry), sa mémoire se conservera du Japon à l'Amérique en passant par l'Europe.

« La IIIe République française offrit aux États-Unis une statue gigantesque de Bartholdi, la Liberté éclairant le monde, comme gage de fraternité. Elle fut élevée en 1886 dans l'île Bedloe, dans la rade de New York. Haute de 46 mètres, faite de cuivre repoussé, elle est placée sur un piédestal qui a lui-même plus de 25 mètres. Son bras droit soulève une torche enflammée[1] *(cler flambeau)*. »

I, 56

Vous verrez tost & tard faire grand change,
Horreurs extremes & vindications.
Que si la Lune conduite par son ange,
Le ciel s'approche des inclinations.

L'expression *tôt et tard* désigne les deux dates clés indiquées par Nostradamus : 1792, qui représente le commencement de la fin de la civilisation européenne, et 1999, qui annonce la fin. En ancien français, *vendication* signifie vengeance. Le mot *ange* désigne ici l'Antéchrist, appelé l'ange exterminateur. *Inclination* vient du latin *inclinatio*, qui signifie changement.

Vous verrez tôt (1792) et tard (1999) *faire* de grands changements qui se traduiront par des horreurs extrêmes et des vengeances, pendant que l'Islam sera ainsi conduit par son ange (exterminateur, l'Antéchrist), au moment où le ciel (la Chine) sera proche des changements (fin du communisme ?).

I, 25

Perdu, trouvé, caché de si long siècle,
Sera pasteur demy Dieu honoré :
Ains que la Lune acheve son grand siècle,
Par autres vents sera déshonoré.

1. Dictionnaire Larousse.

Au figuré, un *pasteur* est un homme qui exerce une autorité. En ancien français, *ains* signifie avant. *Siècle* a ici le sens d'époque. Le mot *vent* au figuré signifie orgueil, vanité, mais aussi attaques. Le premier vers fait allusion à la descendance de la branche aînée des Bourbons, officiellement éteinte depuis la disparition du dauphin Louis XVII au Temple en 1795.

(La lignée des Bourbons) qui avait été perdue et cachée pendant de si longs siècles (de 1795 à nos jours) réapparaîtra dans un chef qui sera honoré comme un demi-dieu : avant que le temps de l'Islam s'achève, car il sera déshonoré par d'autres vanités et actes de guerre.

Guerre et famine – Fin de l'intégrisme islamique

I, 16

Faux à l'Estang, joinct vers le Sagittaire,
En son hault auge et exaltalion,
Peste, famine, mort de main militaire,
Le siècle approche de rénovation.

La *Faux* avec le sablier est un des attributs de Saturne ; le hiéroglyphe de la planète Saturne est une faux surmontée d'une croix. *Étang* désigne la constellation du Scorpion. *Auge* était synonyme d'apside, qui constitue les extrémités du grand axe de l'ellipse décrite par une planète autour du soleil. *Exaltation* désigne une dignité planétaire qui accentue, en bien ou en mal, les présages fournis par une planète.

Le chef asiatique (chinois ?)

Lorsque Saturne sera à l'aphélie et en exaltation dans le Scorpion (en juin 2015), on connaîtra l'épidémie, la famine, la mort par les forces militaires. On approchera du siècle de rénovation (début du VIIe millénaire).

Dans cette même année 2015, il y aura une occultation de l'étoile fixe Haleka qui se nomme aussi *Portes célestes* !

Chute du communisme en URSS (1990) puis de l'islamisme

III, 95

La loy Moricque on verra defaillir,
Après une autre beaucoup plus seductive :
Boristhenes premier viendra faillir
Par dons & langue une plus attractive.

Boristhène : ancien nom du Dniepr, fleuve de la Russie et de l'Ukraine. Par synecdoque, ce fleuve désigne la Russie.

On verra s'effondrer la loi islamique, après une autre loi qui aura été beaucoup plus séduisante ; à savoir (la loi communiste en URSS) plus attractive par sa générosité et sa propagande qui chutera la première.

Sixain 30

Dans peu de temps Médecin du grand mal,
Et la sangsue d'ordre et rang inégal,
Mettront le feu à la branche d'Olive,
Poste courir, d'un et d'autre costé,
Et par tel feu leur Empire accosté
Se ralumant du franc finy salive.

Poste : lieu où des gens, particulièrement des soldats, sont placés pour combattre, pour garder ou surveiller.

Dans peu de temps, le médecin (l'ONU ?) du grand mal (la guerre) et la Russie (CEI), dont les États sont d'ordre et de rang inégaux, porteront la guerre en Israël puis les soldats accourront de tous côtés et l'Empire (arabe) sera atteint par le feu de la guerre ; la guerre se rallumera (deuxième guerre en Irak) après qu'on ne parlera plus du franc (arrivée de l'euro).

L'euro est entré en vigueur le 1er janvier 2002. Dans la nuit du 19 au 20 mars 2003, les forces armées américaines et leurs alliés de la coalition attaquent l'Irak de Saddam Hussein. Les autres événements annoncés par ce sixain sont à venir.

Chapitre 5

LA VICTOIRE DE L'OCCIDENT

Un Bourbon en France d'ici 2025 !

Le retour d'un Bourbon en France paraît aussi invraisemblable que l'arrivée du maréchal Pétain avec l'État français sur les dépouilles de la IIIe République, que celle de Napoléon Ier sur celles de la Ire République, ou de Napoléon III sur celles de la IIe, ou du général de Gaulle sur celles de la IVe ! Ce genre d'analyse permet de saisir cette nouvelle approche de l'Histoire à travers le filtre spatio-temporel de Nostradamus.

Nostradamus attribue plusieurs appellations à ce futur roi, auquel Juan Carlos, roi d'Espagne, sauveur de la démocratie, aura ouvert la voie.

V, 80

Logmion grande Bisance approchera,
Chassée sera la barbarique ligue :
Des deux lois l'une l'estinique lachera,
Barbare & franche en perpetuelle brigue.

L'Ogmion est utilisé pour son sens de personnage éloquent, mais aussi pour son correspondant grec, Hercule, qualificatif donné par Nostradamus au futur roi (le 5e fils de Catherine de Médicis et d'Henri II portait les prénoms François, Hercule). *Grande*, pris comme substantif, signifie en ancien français grand danger. *L'estinique* est un mot fabriqué à partir de la troisième personne du présent de l'indicatif du verbe grec être *estin* (ἐστιν), ce qui se traduit littéralement par *celui qui est.* En ancien français, *brigue* signifie tumulte.

Le roi approchera d'Istanbul dans un grand danger. La Ligue arabe sera chassée. Des deux lois (chrétienne et islamique), l'une, celle de celui qui est (Allah), cédera ; l'Islam et la France étant en tumulte perpétuel.

VI, 42

A Logmyon sera laissé le regne,
Du grand Selyn qui plus sera defaict :
Par les Itales estendra son enseigne,
Regy sera par prudent contrefaict.

Selyn ou *Selin* est la francisation du mot grec *Selênê* (Σελήνη) qui signifie la lune et désigne donc l'Islam (le Croissant). En ancien français, *contrefait* signifie imitation.

Le pouvoir du grand chef islamique sera abandonné au roi, qui étendra son enseigne en Italie, gouvernée par un homme sage qui le prendra comme modèle.

IV, 23

La légion dans la marine classe,
Calcine Magnes soulphre, & poix bruslera
Le long repos de l'asseurée place,
Port Selyn, Hercle feu les consummera.

Calcine est une francisation du mot grec *Chalcis* (Ξαλκις), nom que portaient trois villes: une en Grèce sur l'île d'Eubée, une en Macédoine et une en Syrie. *Magne* est une ville du Péloponnèse. Le *soufre* était utilisé dans plusieurs produits incendiaires et la poix désigne les produits pétroliers (napalm ou incendie des puits de pétrole ?). Le port d'un pays islamique le plus proche de la Grèce est Istanbul.

Par l'armée de terre et la marine, la Grèce brûlera après avoir été en paix et en sécurité. Dans le port islamique, le feu du roi les incendiera.

IX, 33

Hercules Roy de Rome & d'Annemarc,
De Gaule trois Guion surnommé :
Trembler l'Itale & l'unde de Saint-Marc,
Premier sur tous Monarque renommé.

En ancien français, *guion* signifie guide.

Hercule roi (de France), de Rome et du Danemark sera surnommé le troisième Guide de la France ; il fera trembler l'Italie (occupée ?) et la mer Adriatique et il sera un monarque renommé plus que tout autre.

X, 27

Par le cinquiesme, & un grand Hercules,
Viendront le temple ouvrir de main bellique :
Un Clement, Iule & Ascans reculés,
L'Espagne, clef, aigle, n'eurent onc si grande picque.

Par en ancien français signifie pendant. *Temple* : poétiquement, l'Église. *Manus* : en latin, au sens figuré, signifie force. San *Clemente*, ville espagnole de Castille, désigne l'Espagne. *Ascanius* ou Julius, fils d'Énée, accompagna son père en Italie – la famille Julia à Rome faisait remonter son origine à ce personnage : désigne l'Italie. *Clef* (de saint Pierre) désigne le Vatican et *l'aigle* les États-Unis (Nostradamus utilise cette image pour désigner de grandes puissances militaires : Napoléon, Hitler, les États-Unis). Au sens figuré, *pique* signifie brouillerie, tourment.

Pendant le Ve (État républicain), un grand roi viendra libérer l'Église avec des forces armées, l'Espagne et l'Italie ayant reculé. Jamais l'Espagne, le Vatican et les États-Unis ne connurent de si grands tourments.

Dans la *Lettre à Henry, roy de France second*, voici ce qui est dit au sujet de ce roi : « *Ensuite un personnage sortira de la tige restée si longtemps stérile* [les Bourbons], *et qui croîtra pendant le cinquième degré* [la Ve République], *pour renouveler toute l'Église chrétienne.* [...] »

X, 79

Les vieux chemins seront tous embellis.
L'on passera à Memphis somentrées :
Le grand Mercure d'Hercules fleur de lys,
Faisant trembler terre, mer & contrées.

Quand Thèbes fut tombée, *Memphis* devint capitale de l'Égypte, aujourd'hui à une quinzaine de kilomètres du Caire. En ancien français, *somentir* signifie manquer. *Mercure* était le dieu de l'éloquence et était réputé pour sa beauté.

Les vieilles routes seront refaites. En passant au Caire, on trouvera les choses qui avaient manqué (abondance), quand l'éloquent roi à la fleur de lis (des Bourbons) aura fait trembler la terre, la mer et les nations.

V, 19

Le grand Royal d'or, d'airain augmenté,
Rompu la pache, par jeune ouverte guerre,
Peuple affligé par un chef lamenté,
De sang barbare sera couverte terre.

Le grand royal : il n'est pas possible de mettre un nom sur cette expression. Sera-ce Juan Carlos Ier, son fils ou son neveu, fils de son frère aîné ? *L'airain*, alliage à base de cuivre, servait à faire des monnaies, le mot désigne donc ici l'argent en général. *Pache* en ancien français signifie pacte, accord, convention.

Le grand personnage royal recevra de l'or et de l'argent, un traité ayant été rompu et la guerre déclenchée par un jeune chef (Iran ?). Le peuple sera affligé par ce chef lamentable et la terre sera couverte de sang musulman.

IX, 93

Les ennemis du fort bien esloignez,
Par chariots conduict le bastion :
Par sur les murs de Bourges esgrongnez,
Quand Hercules battra l'Haematien.

En ancien français, *esgrogner* signifie attaquer. *Émathie* est l'ancien nom de la Macédoine qui faisait partie de l'ex-Yougoslavie. On sait qu'aujourd'hui la Grèce revendique le rattachement de ce pays. Les quatrains concernant le Macédonien sont à rapprocher du quatrain contenant le vers *la Perse tourne envahir Macédoine* (cf. II, 96).

Les ennemis seront éloignés du fort et les fortifications seront protégées par l'arme blindée ; pendant ce temps, la ville de Bourges sera attaquée, quand le roi battra le chef macédonien (ou iranien).

X, 58

Au temps du dueil que le selin monarque,
Guerroyera le jeune Aematien,
Gaule bransler péricliter la barque,
Tenter Phossens au Ponant entretien.

Au moment du décès du chef islamique, le jeune Macédonien (ou Iranien) fera la guerre. La France sera secouée et l'Église périclitera ; il attaquera les Marseillais, l'Occident se maintiendra.

IV, 77

SELIN Monarque l'Italie pacifique,
Regnes unis, roy chrestien du monde,
Mourant voudra coucher en terre blesique,
Après pyrates avoir chassé de l'onde.

Blésique est une modification de Blésois, habitants de Blois. Les comtes de Blois étaient issus de la famille d'Hugues Capet.

Après la mort du chef islamique, l'Italie sera en paix et les pays en union (ONU) ; le roi du monde chrétien voudra être enterré à Blois, après avoir chassé des mers les pirates (barbaresques).

Comme c'est fréquemment le cas, Nostradamus utilise le terme précis que l'Histoire va retenir. En effet, il utilise pour l'Islam le mot de pirates qui était en usage au XVIe siècle. Mais qui aurait pu prévoir que le gouvernement français appellerait son plan pour lutter contre le terrorisme de l'intégrisme islamique le plan « Vigi-PIRATE », quatre siècles et demi plus tard ?

I, 94

Au port Selin le tyran mis à mort,
La liberté non pourtant recouvrée :
Le nouveau Mars par vindicte et remort,
Dame par force de frayeur honorée.

Remort en ancien français signifie guerre, querelle, et *honorée* veut dire renommée.

Dans le port islamique (Istanbul ?) le tyran sera mis à mort, bien que la liberté ne soit pas encore recouvrée à cause d'une nouvelle guerre par vengeance et esprit guerrier.

Un personnage féminin (de gouvernement) fera sa renommée par sa force et la frayeur qu'elle aura suscitée.

VI, 78

Crier victoire du grand Selin croissant,
Par les Romains sera l'Aigle clamé,
Ticcin, Milan, & Gennes n'y consent,
Puis par eux mesme Basil grand réclamé.

Il s'agit ici de l'*aigle* du drapeau américain. *Ticinus* est le Tessin en latin. *Basil* vient du grec *basileus* (βασιλεύς) qui veut dire roi.

Après avoir crié la victoire du grand croissant islamique, les Romains acclameront ou réclameront les Américains. Le Tessin, Milan et Gênes n'en voudront pas, puis eux-mêmes réclameront le grand roi.

II, I

Vers Aquitaine par insuls Britanniques,
De par eux mesmes grandes incursions
Pluyes, gelees feront terroirs iniques,
Port Selyn fortes fera invasion.

De l'Aquitaine jusqu'aux îles Britanniques, il y aura de grandes incursions ; ces territoires seront défavorables (aux attaquants) à cause de la pluie et du froid. Puissante sera l'invasion venue du port islamique (Istanbul ?).

V, 35

Par cité franche de la grand mer Seline,
Qui porte encore à l'estomach la pierre ;
Anglaise classe viendra sous la bruine,
Prendre un rameau, de grand ouverte guerre.

Par l'expression *cité franche*, Nostradamus désigne La Mecque qui reçoit, chaque année, des milliers de pélerins venus des quatre coins du monde. Par ailleurs, La Mecque est à quarante-six kilomètres de la mer Rouge, mer islamique entre l'Arabie et l'Égypte. *Stomachos* (στόμαχος) signifie en grec orifice. Au centre de la cour de la mosquée dite Beith Allah (la maison de Dieu) se trouve, dans un *orifice* de la Kaaba, la pierre noire que viennent adorer les pèlerins. En ancien français, *bruine* signifie lutte, trouble, et *ouvert* signifie manifeste, évident.

À La Mecque près de la mer Rouge, où se trouve encore la pierre dans un orifice, la flotte anglaise viendra en combattant faire une proposition de paix, au moment où l'importance de la guerre sera manifeste.

VI, 27

Dedans les isles de cinq fleuves à un,
Par le croissant du grand Chyren Selin :
Par les bruynes fureur de l'un,
Six eschappez, cachez fardeaux de lyn.

En ancien français, un *lin* était une frégate légère.

Dans les îles Britanniques, depuis cinq fleuves (la France : Rhin, Seine, Loire, Garonne et Rhône ?) jusqu'à un fleuve (la Tamise), le grand Henri viendra à cause du croissant de l'Islam, sa fureur étant provoquée par les combats, six personnes s'étant échappées, cachées dans un bateau.

II, 79

La barbe crespe & noire par engin,
Subjuguera la gent cruelle & fiere :
Le grand CHIREN ostera du longin,
Tous les captifs par Seline baniere.

Engin, en ancien français, signifie ruse, fraude, tromperie. *Longin* est mis, par épenthèse, pour *longinquo*, de loin.

Le grand Henri soumettra le personnage à la barbe crépue et noire (chef musulman) du peuple cruel et fier, et ôtera (des prisons) lointaines tous les prisonniers de la bannière islamique.

VIII, 54

Soubs la couleur du traicté marriage,
Fait magnanime par grand Chyren selin :
Quintin, Arras recouvrez au voyage,
D'Espagnols fait second banc macelin.

Sub en latin signifie sous, mais aussi tout de suite après, à la suite de. En ancien français, *couleur* signifie faveur, amitié. *Quintin* est une petite ville des Côtes-d'Armor et pourrait désigner la Bretagne, à moins qu'il ne s'agisse de Saint-Quentin. Le contexte permet de dire que *voyage* fait allusion au voyage d'outre-mer, voyage que les chrétiens entreprenaient autrefois pour faire la guerre aux musulmans. Autrefois, le banc était la cour ou le conseil d'un souverain et *secundus* en latin signifie favorable, propice. En ancien français, *macel* ou *maisel* signifie carnage, massacre. Nostradamus a ajouté le suffixe *in* pour les besoins de la rime avec *selin*.

À la faveur d'un traité d'alliance, le grand Henri fera un acte magnanime envers l'Islam ; l'Artois et la Picardie (ou la Bretagne) ayant été libérés grâce à l'expédition contre l'Islam ; un conseil (d'État) sera propice aux Espagnols après le massacre.

X, 53

Les trois pellices de loing s'entrebattront,
La plus grand moindre demeurera à l'escoute :
Le grand Selin n'en sera plus patron,
Le nommera feu pelte blanche route.

Les *pelisses* étaient des robes d'honneur, dont le sultan faisait cadeau à ses fonctionnaires, ainsi qu'à des grands personnages étrangers ; Nostradamus désigne probablement ici trois chefs d'État islamiques. En ancien français, *route* veut dire troupe, compagnie, flotte. *Pelte* est mis pour *pellitus*, en latin la peau.

Les trois chefs d'État islamiques s'entrebattront, le plus important sera dans l'expectative. Le grand chef islamique ne commandera plus et il nommera quelqu'un pour mettre à feu la flotte des Blancs (occidentale).

VI, 70

Un chef du monde le grand CHYREN sera,
Plus outre après aymé, craint, redouté :
Son bruit & los les cieux surpassera,
Et du seul titre Victeur fort contenté.

En ancien français, les mots *bruit* et *los* signifient tous les deux réputation. Cette redite est emphatique. *Victeur* veut dire vainqueur.

Le grand Henri sera un chef du monde. Après il sera encore plus aimé, craint et redouté, sa réputation surpassera les cieux et il se contentera du seul titre de puissant vainqueur.

IV, 34

Le grand mené captif d'estrange terre,
D'or enchaîné au Roy CHIREN offert:
Qui dans Ausone, Milan perdra la guerre,
Et tout son ost mis a feu & à fer.

En ancien français, *ost* signifie armée.

Le grand prisonnier (islamique?) ramené d'un pays étranger sera présenté menotté d'or au roi Henri, car il aura perdu la guerre en Italie, à Milan, et toute son armée anéantie.

IX, 41

Le grand CHYREN soy saisir d'Avignon,
De Rome lettre en miel plein d'amertume:
Lettre ambassade partir de Chanignon,
Carpentras pris par duc noir rouge plume.

Miel pour *miels*, qui signifie en ancien français plus. *Chanignon* est mis pour Canino, ville de la province de Rome, à vingt-six kilomètres au nord-ouest de Viterbe. Les pays islamiques qui ont le *rouge et noir* dans leur drapeau sont: l'Irak, la Syrie, la Libye, l'Égypte, le Soudan et le Yémen. On ne saura de quel pays il s'agit que le moment venu.

Le grand Henri se saisira d'Avignon après avoir reçu de Rome plus de nouvelles pleines d'amertume. Un message d'ambassade partira de Canino, car Carpentras aura été prise par un général au drapeau rouge et noir.

VIII, 38

Le roi de Blois dans Avignon regner,
Une autre fois le peuple en monopole,
Dedans le Rosne par murs fera baigner,
Jusques à cinq le dernier près de Nole.

En ancien français, *monopole* signifie conspiration, conjuration. *Cinq* est probablement pour Ve République. Nole est une petite ville d'Italie près de Naples.

Le roi de Blois (le grand Henri) régnera à Avignon, car une nouvelle fois le peuple (français) conspirera, il verra le Rhône baigner les murs de la ville, jusqu'à la fin du Ve régime républicain, le dernier étant près de Nole (Bourgogne).

VIII, 52

Le roy de Blois dans Avignon regner,
D'Amboise & seine viendra le long de Lyndre:
Ongle à Poitiers sainctes aisles ruyner,
Devant Boni.

En ancien français, *ongle* est probablement mis pour onglée qui désigne un hiver rigoureux, et le mot *sainctes ailes*: la guerre sainte. Les Romains appelaient *ailes* les troupes de cavalerie. *Boni* est peut-être mis pour *Bononia*, ancien nom de Bologne (Italie) ou pour Bonn, la ville allemande. Seul le moment venu permettra d'apporter les précisions sur ce quatrain. La traduction en est donc très hypothétique.

Le roi de Blois régnera dans Avignon. D'Amboise et de la Seine, il longera l'Indre. Pendant un hiver rigoureux à Poitiers, il ruinera la guerre sainte, devant Bologne.

X, 44

Par lors qu'un Roy sera contre les siens,
Natif de Bloye subjuguera Ligures :
Mammel, cordube & les Dalmatiens,
Des sept puis l'ombre à Roy estrennes & lemures.

En ancien français, *contre* signifie pour, en l'honneur de, et *Natif* naturel. Le *Memmel* est l'ancien nom du Niemen, fleuve qui traverse la Biélorussie. *Etrene* : combat, choc. Dans la mythologie, les Lémures sont les spectres ou l'esprit de la mort.

Lorsqu'un roi se battra pour les siens, l'héritier de Blois soumettra les Ligures (l'Italie), la Russie, l'Espagne et la Dalmatie ; puis avec l'aide des sept pays (G7 ? – le G8 sans la Russie qui menace de quitter ce groupe), le roi fera cesser les combats et les morts.

V, 74

De sang Troyen naistra cœur germanique,
Qui deviendra en si haute puissance :
Hors chassera gent estrange arabique.
Tournant l'Eglise en pristine préeminence.

Sang Troyen : Nostradamus fait référence à la *Franciade*, poème épique inachevé de Ronsard, légende racontée par Frédégaire, Jean Lemaire et Jean Bouchet : Francus, fils d'Hector, échappé à la fureur des Grecs. Les Destins l'appellent à fonder un nouvel empire. Il part protégé par Mars et Cybèle, objet de la haine de Junon et de Neptune. Une tempête le jette sur les rivages de la Crète, où règne Dicée. Les deux filles de ce roi, Clymène et Hyante, s'éprennent en même temps de Francus. La première, dévorée de jalousie, se jette à la mer. Hyante, qui est prophétesse, dévoile l'avenir à Francus et fait défiler devant lui tous les rois de France qui doivent descendre de lui, depuis le légendaire Pharamond jusqu'à Charlemagne. Nostradamus désigne donc l'origine de la première dynastie des rois de France. *Pristine* (du latin *pristinus*) : d'autrefois, primitif.

De sang royal français, le roi naîtra avec des sentiments germanophiles et atteindra une très grande puissance. Il chassera hors de France les étrangers islamiques et rendra à l'Église sa prééminence originelle (retour au christianisme primitif, dont les mouvements œcuménique et évangéliste sont, sans doute, les signes précurseurs).

Sixain 34

Princes & Seigneurs tous se feront la guerre,
Cousin germain le frère avec le frère,
Finy l'Arby de l'heureux de Bourbon,
De Hierusalem les Princes tant aymables,
Du fait commis énorme et exécrable,
Se ressentiront sur la bourse sans fond.

Arby pour arbitrie : en ancien français, arbitrage.

Tous les chefs d'État et de gouvernement se feront la guerre, sous le cousin allemand (Benoît XVI, prince germain) ; on se battra entre pays frères (Pays arabes entre eux et Israël). L'arbitrage de l'heureux Bourbon (les ancêtres des rois de France étaient des Germaniques)

(Juan Carlos Ier de Bourbon ou son successeur ?) aura pris fin. Les chefs si aimables de Jérusalem éprouveront la ruine économique (effondrement de la Bourse ?) à cause d'un acte (de guerre ou autre) énorme et exécrable.

En lisant ce texte écrit en 1555, on ne peut s'empêcher de penser aux attentats exécrables qui régulièrement, depuis des années, tuent des civils innocents à Jérusalem et dans tout l'État hébreu... Mais il semble que Nostradamus annonce un acte encore plus monstrueux.

Universalité des races humaines – Alliance entre la France, les pays musulmans et la Russie – Fin des guerres – Paix universelle

Sixain 49

Vénus & Sol, Jupiter et Mercure
Augmenteront le genre de nature
Grande alliance en France se fera,
Et du Midy la sangsue de mesme,
Le feu esteint par ce remede extreme,
En terre ferme Oliver plantera.

Le 4 juin 2024 aura lieu une double conjonction *Vénus-Soleil* et *Jupiter-Mercure*. Par le mot *sangsue*, Nostradamus désigne la Russie à cause de la révolution de 1917, la buveuse de sang. *Genre* : « En histoire naturelle, le genre est un groupe conventionnel qui n'est pas susceptible d'une définition absolue comme l'espèce. On doit chercher, pour les réunir dans un même genre, les espèces qui ont le plus possible de caractères communs, et qui ne diffèrent que par des caractères secondaires [1]. » *Terre ferme* : continent par rapport aux océans.

Le 4 juin 2024, l'universalité de l'espèce humaine augmentera en reconnaissance ; une grande alliance se fera en France avec le Midy (pays musulmans) et même avec la Russie, le feu (de la guerre) ayant été éteint par ce dernier recours. L'olivier (la paix) sera planté sur les continents.

Nous sommes donc assurés de cet âge d'or après les trois guerres mondiales du XXe siècle : la Troisième Guerre mondiale a été déclarée par Ben Laden en juillet 1999 et se poursuit aujourd'hui. Ce sixain est d'autant plus important qu'il indique dans son premier vers une conjonction rare de plusieurs planètes qui se produira le 4 juin 2024, date marquant la fin des guerres.

L'important est de retenir le message d'espérance de cette prophétie.

L'Ancien Testament se clôt sur le court texte du petit prophète Malachie. Après avoir décrit les tribulations et les châtiments du peuple juif, il annonce, comme Nostradamus, le triomphe de celui-ci sur ses ennemis : « Car voici, le jour vient, ardent comme une fournaise, tous les orgueilleux et tous les méchants seront comme du chaume ; et ce jour-là qui vient les embrasera, a dit l'Éternel des armées, et il ne leur laissera ni racine ni rameau. Mais pour vous, qui craignez mon nom, se lèvera le soleil de la justice et la guérison sera dans ses rayons ; vous sortirez et vous croîtrez comme de jeunes taureaux engraissés. Et vous foulerez les méchants car ils seront comme de la cendre sous la plante de vos pieds, au jour que j'agirai, a dit l'Éternel des armées. »

1. Dictionnaire Larousse.

Fin des tribulations

« *Après ces temps* [des malheurs qui viennent d'être décrits] *que les hommes auront trouvé longs, la face de la terre sera renouvelée par l'avènement de l'âge d'or. Dieu le Créateur ordonnera, entendant l'affliction de son peuple, que Satan soit enchaîné et jeté dans l'abîme de l'enfer, la profonde fosse : commencera alors entre Dieu et les hommes une paix universelle, et Satan demeurera lié pendant environ mille ans, ce qui apportera une plus grande force à la puissance de l'Église ; et puis il sera de nouveau délié.* » (Nostradamus, *Lettre à Henry, roy de France second*).

2001-2025 : Hécatombe –
2026 : Résurrection (renouveau spirituel)

X, 74

Au revole du grand nombre septiesme,
Apparoistra au temps jeux d'Hécatombe :
Non esloigné du grand eage milliesme,
Que les entrez sortiront de leur tombe.

Revole, en ancien français revoler, signifie retourner. *Septiesme* le septième millénaire qui a commencé en 2001. *Hécatombe* ('Εκατομβη) en Grèce représentait le sacrifice de cent bœufs et par la suite de cent victimes quelconques. *Grand eage milliesme* fait référence aux mille ans de l'Apocalypse, pendant lesquels Satan est enchaîné.

À l'approche de l'an 2001 (11 septembre) apparaîtra un temps de massacres ; on sera proche des mille ans (de paix universelle 2026-3000). Ceux qui étaient entrés dans la tombe en sortiront. (Allusion au Christ qui traite les Pharisiens de sépulcres blanchis, dans l'Évangile de Matthieu) : annonce d'un renouveau spirituel.

CHAPITRE 6

LETTRE À HENRY, ROY DE FRANCE SECOND

Cette lettre est le deuxième texte en prose du livre des prophéties, le premier étant la préface de Nostradamus à son fils César.

Ce grand texte adressé à Henri II est une sorte de vision globale, un synopsis, de toute la prophétie, de 1555 à 2025. Il m'a permis de classer un certain nombre de quatrains et surtout de découvrir des enchaînements d'événements qu'il aurait été impossible de trouver avec les quatrains seuls.

À l'invincible et très puissant, et très Chrétien Henry roi de France propice, Michel Nostradamus son très humble et très obéissant serviteur et sujet, victoire et félicité.

« À cause de la royale attention que vous m'avez portée, ô très chrétien et roi très victorieux, mon visage étant depuis longtemps assombri, je me présente devant la déité de Votre Incommensurable Majesté, et, depuis, j'en suis continuellement ébloui, ne cessant plus d'honorer et de vénérer dignement ce jour où je me présentai devant elle

pour la première fois, comme on le fait devant une extraordinaire Majesté si humaine. Or cherchant quelque occasion pour vous manifester mon bon sentiment et ma franchise avec détermination, moyennant cela, j'aurais fait effort pour faire plus ample connaissance de Votre Sérénissime Majesté. Or voyant que dans ce but il ne m'était pas possible de vous le faire savoir, malgré mon singulier désir de porter à votre connaissance les éclaircissements subits qui m'ont fait sortir de l'obscurité et des ténèbres, devant la face de votre pouvoir souverain et du premier Monarque de l'Univers ; j'en ai si longtemps douté que ne savais à qui je consacrerais les trois dernières centuries de mes prophéties, qui terminent le millier [de quatrains]*; et après avoir longuement réfléchi sur ma téméraire audace, j'ai décidé de les adresser à Votre Majesté, n'étant pas pour cela ébranlé, comme le raconte le très sérieux auteur Plutarque dans la vie de Lycurgue, à la vue des offrandes et des cadeaux que l'on faisait pour les sacrifices dans les temples des Dieux immortels de cette époque, afin que l'on ne soit pas étonné que l'on n'osât point présenter au temple de l'argent ou de la monnaie. Et néanmoins voyant Votre Splendeur Royale, jointe à une incomparable humanité, je m'adresse à vous non comme on le fait aux rois de Perse chez lesquels on ne pouvait se rendre et, encore moins les approcher ; mais à un Prince très prudent et très sage ; j'ai donc consacré mes supputations nocturnes et prophétiques, composées grâce à un instinct naturel, à l'aide d'un transport poétique, avec les règles de la poésie, et la plupart de ces supputations accordées aux calculs de l'Astronomie qui correspondent aux ans, aux mois, aux semaines, aux régions, aux pays et à la plupart des villes et cités de toute l'Europe, y compris* *l'Afrique et une partie de l'Asie qui connaîtront des changements de frontières, qui s'approchent sous tous ces climats, le tout étant composé selon une fonction naturelle. Celui qui ferait mieux de s'occuper de ce qui le regarde répondra qu'autant la rythmique est facile, autant la compréhension des idées est difficile. Et pour ce faire, ô Roi très humain, la plupart des quatrains sont tellement scabreux que l'on ne saurait y donner un sens, ni, encore moins, les interpréter. Toutefois espérant avoir laissé par écrit les événements qui toucheront les ans, les villes, les cités, les régions ; et même les années 1585 et 1606, à partir d'aujourd'hui, le quatorze mars 1557. Et allant bien au-delà de ces dates jusqu'à l'avènement du début du septième millénaire, par une mûre réflexion, jusqu'où mon calcul astronomique et autre connaissance m'ont permis d'aller ; époque* [l'approche du VIIe millénaire, soit 2001] *à laquelle les adversaires de Jésus-Christ et de son Église commenceront à pulluler ; le tout a donc été composé et calculé en jours et heures choisis et bien agencés, et le plus justement possible. Et j'ai fait mes supputations concernant les événements des temps à venir, l'esprit libre et hors d'atteinte ; utilisant les époques passées, comprenant le présent, ainsi l'on connaîtra l'avenir par le cours du temps dans toutes régions ; et comme je le précise ici, je n'y ai rien mis de superflu, à tel point que l'on dit que l'exactitude rigoureuse concernant l'avenir n'est pas entièrement déterminée. Il est bien vrai, Sire, que grâce à mon instinct naturel transmis par mes aïeux, je ne pouvais croire que je prophétiserais ; j'ai donc accordé et joint ce naturel instinct à ma longue supputation, en faisant le vide de mon âme, de mon esprit et de mon cœur, de tout souci, sollicitude et tracas pour être assuré du repos et de la tranquillité d'esprit. Le tout ayant été accordé et présagé et en partie grâce au trépied d'airain. Nombreux sont ceux qui m'attribuent autant ce qui est à moi que ce qui ne l'est pas ; seul Dieu éternel, qui est le seul à connaître à fond les œuvres pies ou courageuses des humains, qui est juste et miséricordieux, en est le seul juge dont j'implore la défense contre la calomnie des méchants qui voudraient également savoir comment vos antiques ancêtres, rois de France, ont guéri les écrouelles, et ceux d'autres nations ont guéri la morsure des serpents, ou d'autres encore ont eu accès à l'art divinatoire, et bien d'autres cas qui seraient longs à exposer ici. Et ce malgré la malignité de l'esprit du mal qui se manifestera à travers le cours du temps, après ma mort, mon écrit sera alors plus connu que de mon vivant ; et même si je me trompais sur le calcul des époques, nul n'y pourrait rien. Plaise à Votre plus qu'Impériale Majesté de me pardonner, protestant devant Dieu et ses Saints, que j'affirme ne rien avoir écrit dans la présente lettre qui soit contraire à la vraie foi catholique, communiquant les calculs astronomiques, conformément à mes connaissances : car les espaces de temps, depuis les premiers hommes qui nous ont précédés, sont tels, et je m'en remets à la correction du jugement le plus sain, que le premier homme Adam précéda Noé d'environ mille deux cent quarante-deux ans, n'incluant pas dans mon calcul les temps calculés par les Gentils, tels que Varron les a décrits : mais en ne tenant compte exclusivement que des Saintes Écritures, et selon la faiblesse de mon esprit, à l'aide de mes calculs astronomiques. Après Noé, son époque et le déluge universel, vint Abraham mille huit ans plus tard, lequel fut un remarquable astrologue, reconnu de tous, et qui inventa l'alphabet chaldéen.*

Après lui vint Moïse, environ cinq cent quinze ou seize ans, et entre l'époque de David et Moïse cinq cent soixante-dix ans se sont écoulés. Après cela, entre David et notre Sauveur et Rédempteur Jésus-Christ, né de l'unique Vierge, sont passés mille trois cent cinquante ans : on pourra objecter que cette réflexion n'est pas vraie puisqu'elle diffère de celle d'Eusèbe. Et depuis l'époque de la Rédemption de l'homme jusqu'à la séduction détestable des Sarrasins six cent vingt et un ans se sont écoulés ; d'où on peut compter les temps passés, si du moins ma supputation n'est bonne et valable pour toutes les nations, parce que tout a été calculé par le cours du ciel avec l'aide d'intuitions à certains moments perdus et de l'esprit de mes lointains ancêtres : mais l'injustice de notre époque, ô Sérénissime Roi, impose d'exprimer des événements si secrets par des phrases énigmatiques, ayant une seule signification et une seule compréhension, car je n'y ai rien mis d'ambigu ni des calculs douteux ; mais j'ai plutôt tout plongé dans un profond obscurcissement par intuition naturelle me rapprochant du langage d'un des mille et deux prophètes connus depuis la création du monde conformément à la supputation et à la Chronique phénicienne[1] *de Joël*[2] *: "Je répandrai mon esprit sur toute chair et vos fils et vos filles prophétiseront". Mais une telle prophétie procédait de la bouche du Saint-Esprit, qui était la souveraine puissance éternelle, si bien que certains d'entre eux* [les prophètes], *avec l'aide du mouvement céleste, ont prédit de grandes et*

1. Les Carthaginois sont souvent nommés *Poeni* par les écrivains latins à cause de leur origine phénicienne (La Phénicie : le Liban).
2. Un des petits prophètes de la Bible. La prédiction du jugement dernier dans la vallée de Josaphat termine la prophétie.

merveilleuses aventures. Mais ici je ne m'attribue nullement un tel titre. Certes à Dieu ne plaise, je confesse que le tout vient de Lui, et je Lui en rends grâce, honneur et louange immortelle, sans avoir utilisé de méthodes divinatoires qui se développent à partir de la fatalité, mais grâce à Dieu et à ma nature, et l'ensemble accordé aux mouvements du ciel, à tel point que j'ai vu comme dans un miroir ardent, comme par une vision obscurcie, les grands événements, tristes et prodigieux, et les aventures calamiteuses qui s'approchent de la plupart des habitants. D'abord les Églises de Dieu, ensuite les forces purement matérielles entreront dans une telle décadence qu'outre mille autres calamiteuses aventures, par la course du temps on connaîtra l'avenir.»

Ici se termine l'exposé de Nostradamus concernant les généralités de sa prophétie, c'est-à-dire l'origine divine de ses visions nocturnes, la méthode de travail et de rédaction des quatrains, la façon d'utiliser les «coïncidences» entre les mouvements du ciel, par l'astronomie, et les événements de l'histoire de l'homme.

Il donne, dans cette première partie, une indication capitale quant à l'objet de sa vision et à l'étendue géographique qu'elle recouvre. Il précise en effet que sa prophétie porte en premier lieu sur toute l'Europe, puis l'Afrique, puis une partie de l'Asie. Cela apporte une indication capitale à l'exégète qui, devant tenir compte du codage d'un grand nombre de noms géographiques, devra rechercher les cités, les fleuves, les chaînes de montagnes, les villages dans les parties du monde ici mentionnées. Des points de cette première partie de la *Lettre à Henry, roy de France second* sont des reprises de conseils déjà donnés dans la lettre à son fils César ; ces deux textes en prose se complètent mais aussi se renforcent l'un l'autre. En ce qui concerne le continent américain, il l'assimile à l'Europe et les événements prédits, tel le 11 septembre, sont indiqués comme touchant la civilisation chrétienne dont les États-Unis sont le prolongement.

Pour égarer les esprits peu perspicaces, Nostradamus dit que ses *« quatrains sont tellement scabreux qu'on ne saurait y donner un sens, ni les interpréter »*. Plus loin, il dit que les phrases énigmatiques n'ont qu'une seule signification et une seule compréhension, et il termine cette première partie par *« on connaîtra l'avenir »*.

Cela vient corroborer cette phrase de la *Lettre à César* : « Les causes seront comprises universellement sur toute la terre. » Quant aux occultistes et autres ésotéristes qui, interprétant le premier quatrain de la première centurie, où il est question de trépied de bronze, veulent que Nostradamus ait utilisé des méthodes divinatoires [1], il faut croire qu'ils n'ont pas lu cette phrase capitale : *« Sans y avoir mêlé de la divination qui provient de la fatalité, mais grâce à Dieu et à ma nature. »* Cette phrase contredit la thèse des tenants du déterminisme qui veulent que l'histoire de l'homme soit prédéterminée, attitude inacceptable qui rendrait l'homme irresponsable de ses actes et donc de son histoire. Dieu deviendrait un personnage sadique s'amusant à un gigantesque *« Kriegspiel »* faisant à loisir s'entretuer les hommes. On comprend donc pourquoi Nostradamus, dans la *Lettre à César*, parle du libre arbitre de l'homme.

1. Astrologie, magie, numérologie, géomancie, nécromancie, chiromancie et autres mancies...

Voilà aussi pourquoi Nostradamus met en garde les astrologues modernes pour lesquels les inclinations décrites par Ptolémée deviennent des événements prédéterminés et donc inéluctables, ne laissant à l'homme que le désespoir d'une vie sur laquelle il n'aurait ni responsabilité ni contrôle.

La conclusion qui s'impose, et qui se vérifie dans l'Ancien et dans le Nouveau Testament, est que la prophétie est un avertissement à l'homme. Ce qui explique que les prophéties soient le plus souvent catastrophiques, puisque leur but est de renseigner l'homme sur les malheurs vers lesquels il s'achemine par les actes dont il est entièrement responsable. Saint Thomas d'Aquin, rapportant une vision de sainte Catherine de Sienne, écrit : « Les prophéties qui viennent de Moi [Dieu] inspirent d'abord la terreur, mais s'achèvent dans un sentiment de sécurité. »

Commence, à partir d'ici, la partie prophétique de la *Lettre à Henry, roy de France second.* Nostradamus va faire une véritable promenade dans le temps, faisant des retours en arrière, ce que les Anglais appellent des « flash-backs ».

Il commence par la fin de la descendance de la branche aînée des Bourbons :

« Car Dieu regardera la longue stérilité de la Grande Dame, qui peu après concevra deux enfants principaux... » Nostradamus désigne par l'expression « Grand Dame » la reine dont la descendance ne régnera pas ; d'où le terme de stérilité pour désigner la fin de la branche aînée des Bourbons. Marie-Antoinette, mariée en 1770, ne met au monde son premier enfant qu'en 1778, Marie-Thérèse Charlotte, duchesse d'Angoulême.

Son deuxième enfant, Louis-Joseph, naîtra trois ans plus tard, en 1781, et mourra en 1789, et enfin, Louis XVII, né le 27 mars 1785. Après le décès de Louis-Joseph, il restera donc deux enfants principaux à Marie-Antoinette qui sera incarcérée au Temple avec eux.

« Mais [la reine] *étant en péril se trouvera dans la mêlée à cause de l'audace de l'époque de mort* [la Terreur] *mettant en péril* [la monarchie] *dans le XVIII*^e^ *siècle, et elle ne pourra dépasser le trente-sixième* [roi] *et qu'il restera trois hommes et une femme. »*

Nostradamus situe ici la fin de la monarchie au XVIIIe siècle. Il en donnera plus loin la date précise : 1792. Les Bourbons directs vont s'éteindre à la mort de Charles X, frère de Louis XVI. D'Hugues Capet à Charles X, il y a trente-six rois : les Capétiens directs : Hugues Capet, Robert II, Henri Ier, Philippe Ier, Louis VI, Louis VII, Philippe II, Louis VIII, Louis IX, Philippe III, Philippe IV, Louis X, Jean Ier, Philippe V, Charles IV, soit quinze rois pour les Capétiens directs ; puis viennent les Valois : Philippe VI, Jean II, Charles V, Charles VI, Charles VII, Louis XI, Charles VIII, soit sept rois ; un Valois-Orléans : Louis XII ; les Valois-Angoulême : François Ier, Henri II, François II, Charles IX, Henri III, soit cinq rois ; puis la branche aînée des Bourbons : Henri IV, Louis XIII, Louis XIV, Louis XV, Louis XVI, Louis XVII, soit six rois, et enfin les deux frères de Louis XVI, Louis XVIII et Charles X. Après la disparition de Louis XVII, il restera donc trois hommes qui seront rois : Louis XVIII, Charles X, et Louis-Philippe Ier, et une femme : Madame Royale, fille de Marie-Antoinette.

« Puis il y aura deux [empereurs : Napoléon Ier et Napoléon III] *qui n'auront pas eu le même père, outre les trois frères* [Louis XVI, Louis XVIII et Charles X] *qui seront fort différents, puis enfin unis et en accord, et les trois quarts de l'Europe trembleront. »*

Louis XVIII fit d'abord de l'opposition, soit dans l'Assemblée des Notables, soit aux États généraux ; mais à la vue des premiers excès, il se prononça pour la contre-révolution.

« Le futur Charles X, entré à Paris en avril 1814, sut se concilier les esprits par l'aménité de ses manières, mais il se perdit bientôt dans l'opinion en signant, avec un empressement que condamna Louis XVIII même, un traité qui enlevait à la France toutes les places conquises depuis 1792[1]. »

En allant jusqu'à Moscou, Napoléon Ier a bien fait trembler les trois quarts de l'Europe. Mais il est également fait allusion ici aux guerres de Napoléon III : Crimée, Italie et Allemagne.

« Pendant une période plus petite [en comparaison des treize siècles de continuité monarchique de 496 à 1792], *la monarchie chrétienne sera soutenue et augmentée, les partis* [de la Révolution : Jacobins, Feuillants, Montagnards, Girondins, etc.] *ayant été subitement élevés, mais aussi subitement abaissés. Les Arabes reculeront* [conquête de l'Algérie commencée en 1830], *après que des Royaumes avaient été unis* [création de royaumes par Napoléon Ier dans l'Europe en particulier pour ses frères] *et de nouvelles lois ayant été promulguées* [le Code civil]. *Avec d'autres enfants* [les frères de Napoléon Ier], *le*

1. *Dictionnaire d'Histoire* de Bouillet.

premier [Napoléon Ier] *occupera des royaumes comportant un lion, rendus furieux parce que tenus par ses parents* [frères] *grâce à l'intrépidité de ses armées.* »

Les royaumes comportant un lion dans leurs armes et occupés par Napoléon Ier sont : l'Espagne, l'Italie avec le lion de Venise, la Belgique, la Hollande, ainsi qu'un grand nombre de provinces allemandes : Bade-Wurtemberg, Berlin, Rhénanie, Bavière, Hesse, Schleswig-Holstein.

« *Le suivant* [Napoléon III] *envahira si profondément l'Italie que pour la deuxième fois* [après Napoléon Ier] *la fureur de la guerre atteindra Rome. Il chutera à cause de l'Espagne.* »

La candidature au trône d'Espagne du prince de Hohenzollern, cousin du roi de Prusse, est combattue par le gouvernement français. Cette prise de position va entraîner la guerre franco-prussienne, la défaite de Sedan et la chute de l'Empereur.

« *Il ne sera pas remplacé par l'antique monarchie* », mais par la IIIe République.

« *Et sera alors faite la troisième inondation de sang humain.* »

Après la chute de l'Ancien Régime. La première inondation de sang est constituée par les guerres de Napoléon Ier, la deuxième par la guerre de 1870 et la troisième par la guerre de 1914-1918.

« *Et pendant un long temps la guerre ne chômera pas.* » Allusion aux guerres du XXe siècle.

« *Et sera instaurée la République qui fera tomber le dominateur* [le tsar] *à l'aide d'un nouveau parti païen* [le Parti communiste soviétique]. [...] *Elle enfantera deux clans, l'un qui lui sera fidèle* [les membres du P.C.], *l'autre qui restera infidèle par les encouragements de l'Église.»*

Nostradamus indique ici la lutte qui va naître, à partir de 1917, entre les partis communistes et l'Église catholique et particulièrement dans les États baltes.

« Puis naîtra un autre parti [nazi] *qui voudra ruiner le premier* [le P.C.] *; puis il y aura trois régions qui créeront des ligues fort différentes, à savoir l'Italie, l'Allemagne et l'Espagne, qui enfanteront des partis différents par des coups d'État militaires.»*

Notons ici que Nostradamus annonce la création de pouvoirs militaires en Italie, en Allemagne et en Espagne dans leur ordre chronologique d'installation. En effet, Mussolini a pris le pouvoir en 1922, par la «marche chantage sur Rome». En 1933, Hindenburg appelle Hitler à la chancellerie et, en 1936, le général Franco apparaît dans l'histoire politico-militaire de l'Espagne.

« Laissant de côté les cinquante et cinquante-deuxième parallèles.»

Le cinquantième parallèle traverse la Cornouaille et le cinquante-deuxième, le sud du pays de Galles. Entre les deux se trouve Londres, sur le cinquante et unième parallèle et trente minutes. La Grande-Bretagne va effectivement, pendant la Deuxième Guerre mondiale, échapper à l'invasion.

« Et ces pays rendront hommage aux religions antiques dans les régions de l'Europe du Nord [l'Allemagne] *; à commencer par celle qui se trouve sur le quarantième parallèle, qui tremblera à cause d'une crainte inutile ; puis trembleront les plus occidentaux, les plus méridionaux et les plus orientaux. Leur puissance sera telle qu'ils réaliseront des alliances et des unions invincibles par leurs conquêtes guerrières.»*

Les sectes nazies (Casque d'Acier, S.S., S.A., etc.) vont reprendre la symbolique de l'Empire romain, avec étendards et parades militaires impressionnantes. C'est pourquoi Nostradamus comparera Hitler à Néron. La ville de Madrid est située sur le quarantième parallèle. Or c'est bien en 1936 que va commencer la guerre d'Espagne, prélude à la guerre mondiale qui suivra. Puis Hitler lancera ses divisions, à l'ouest, contre la Belgique et la France, puis, au sud, les puissances de l'Axe débarquent en Libye, le 1er février 1941, et enfin, le 22 juin 1941, la Wehrmacht lance ses divisions à l'assaut de l'Union soviétique depuis la Baltique jusqu'à la mer Noire ; en outre, c'est en décembre 1941 qu'éclate la guerre entre les États-Unis et le Japon. Ici encore, Nostradamus énumère les théâtres d'opérations de la Deuxième Guerre mondiale, dans l'ordre chronologique dans lequel ils se sont ouverts. Les alliances que va nouer l'Allemagne nazie constitueront ce que l'Histoire retiendra sous le nom de « puissances de l'Axe ».

« Ces pouvoirs militaires seront égaux [régimes militaristes] *mais très différents de croyances. »* En effet, que de différences entre Hitler, Mussolini, Franco, mais surtout leur allié asiatique, le Japon.

« Ensuite la république encore plus puissante que la seconde [la France de 1789, après l'Angleterre] *sera reçue par deux peuples* [Russie et Chine], *dont l'origine se trouvera dans la première démocratie qui aura eu puissance sur le monde* [l'Angleterre et sa puissance au XIXe siècle], *puis aussi dans la deuxième* [la France] *et la troisième* [l'URSS] *étendant ses forces au-delà de l'Europe de l'Est* [l'Asie] *et jusqu'à la Hongrie qui aura été vaincue et occupée. »*

Nostradamus note que l'empire soviétique va s'étendre à l'est et à l'ouest après la chute des dictatures militaires de l'Europe de l'Ouest. *« Puis grâce à sa marine la Russie débarquera en Sicile et dans l'Adriatique après être passée par la Grèce et l'Allemagne qui auront succombé, et les forces musulmanes après être passées en Italie, seront chassées et affligées. »*

« Puis le grand empire de l'Antéchrist commencera dans la Atila [les monts Altaï] *et à Zerfes* [Sevrej, petite ville de Mongolie près de la frontière chinoise ?] *d'où il descendra avec des troupes innombrables, tellement que la venue du Saint-Esprit qui s'avance selon le 48e degré changera de lieu, chassé par l'abomination de l'Antéchrist qui fera la guerre contre le grand roi qui aura un rôle de grand Vicaire de Jésus-Christ, au temps utile et au moment favorable ; cet événement précédera une éclipse de soleil la plus obscure et la plus ténébreuse que l'on ait vue depuis la création du monde jusqu'à la mort et passion de Jésus-Christ, et de là jusqu'ici ; puis c'est au mois d'octobre qu'aura lieu une grande translation, à tel point que l'on croira que la terre a perdu son mouvement naturel et est plongée dans des ténèbres perpétuelles. Avant il y aura eu des signes à l'équinoxe de printemps. »*

Dans ce passage de la *Lettre à Henry, roy de France second*, Nostradamus fait un jeu de mots entre Attila, surnommé le fléau de Dieu, par anagramme, et les monts Altaï, pour signifier que l'Antéchrist prendra naissance, comme Attila, en Asie. Quant à la ville de Sevrej, écrit Zerfes, par Nostradamus, il semble avoir transcrit une écriture phonétique, comme si le nom de cette ville lui avait été dicté, sans l'orthographe.

Nostradamus nous dit que le Saint-Esprit sera chassé du 48ᵉ degré. Ce degré de latitude est non seulement celui de Paris, mais celui aussi d'Ulan Bator, capitale de Mongolie. Cependant, comme il n'est pas précisé qu'il s'agit du 48ᵉ degré de longitude ou de latitude, il faut noter que le 48ᵉ degré de longitude passe par Riyad, lieu de naissance de l'intégrisme islamique, et traverse en son milieu le Yémen, pays d'origine de Ben Laden [1]. Il est donc probable qu'il y a là une double signification.

Comme dans le quatrain 72 de la deuxième centurie, Nostradamus indique, avec beaucoup de précision, que cette invasion venue d'Asie sera annoncée avant l'éclipse totale du 11 août 1999 qui était visible dans l'hémisphère Nord, selon le 48ᵉ de longitude.

« Et cela suivra d'extrêmes changements de pouvoirs et des révolutions, avec des tremblements de terre [tsunamis]*, avec pullulation de la nouvelle Babylone, fille misérable dont l'abomination sera augmentée par le premier holocauste ; et elle ne se maintiendra que pendant soixante-treize ans et sept mois. »*

Nostradamus établit un parallèle entre Nabuchodonosor qui persécuta le peuple juif et l'emmena en captivité en Babylonie (aujourd'hui l'Irak) et l'Allemagne nazie qui va pourchasser les Juifs dans une persécution que l'Histoire retiendra sous le qualificatif d'Holocauste. Quant à la durée de cette nouvelle Babylone, l'unité allemande prend naissance par la signature du

1. En juillet 1999, Ben Laden déclarait : « Le vœu de participer à la guerre sainte coule dans les veines des musulmans comme de l'électricité. La vraie vie est dans l'au-delà. Et je veux œuvrer dans ce monde pour l'au-delà. »

traité de Francfort, le 10 mai 1871, dont l'une des conditions les plus importantes est l'annexion de l'Alsace-Lorraine.

Entre le 4 et le 12 décembre 1944, l'Alsace et la Sarre sont progressivement libérées. Du 10 mai 1871 au 10 décembre 1944, il y a bien soixante-treize ans et sept mois.

« *Ensuite* [un rameau] *sortira de la tige restée si longtemps stérile, et qui procédera du degré cinq, pour renouveler toute l'Église chrétienne. Et une grande paix, l'union et la concorde seront faites entre les peuples égarés et séparés par des pouvoirs différents. Et on connaîtra une telle paix que celui qui aura soulevé et mis en mouvement la faction guerrière contre les diverses religions* [le système soviétique athée et antireligieux] *sera jeté dans les profondeurs d'une prison, et le pays de l'enragé* [l'OURS] *sera uni, après avoir joué au sage.*

« *Les pays, les villes, les cités, les puissances et les régions qui auront abandonné les premières voies sur lesquelles ils s'étaient engagés* [le marxisme] *afin de s'en délivrer, seront privés de leur liberté* [Hongrie, Tchécoslovaquie, Angola, Afghanistan, Pologne], *sombrant dans une profonde captivité, et la religion sera complètement persécutée. Ils commenceront par frapper la gauche* [les P.C. dissidents] *pour s'attaquer ensuite à la droite, ruinant la sainteté pendant longtemps avec leur écrit primitif* [la Bible]. *Après ce grand chien apparaîtra le plus gros mâtin* [l'Antéchrist] *qui détruira tout, même ce qui avait été détruit avant lui, après que les églises auront été restaurées dans leur premier état et que le clerc aura été remis dans ses fonctions, puis il répandra la débauche et la luxure et commettra mille forfaits.*

« Cela se produira peu de temps après une autre désolation [la Deuxième Guerre mondiale], *qui atteindra un point culminant au moment où se dresseront des puissances militaires* [les puissances de l'Axe] *qui se perdront dans deux guerres* [les deux premières guerres mondiales] *et elles ne conserveront que leurs drapeaux* [allusion à la partition de l'Allemagne].

« Ces puissances militaires attireront leurs peuples dans une courbe vers la droite [les régimes fascistes] *qui ne voudront pas accepter de tendre la main tranchante* [allusion au salut fasciste] *et toucheront la terre entière* [guerre mondiale] *et cela jusqu'à la naissance d'un rejeton de la branche restée longtemps stérile* [les Bourbons].

« Il délivrera les peuples du monde de cette servitude généreuse et volontaire [les pays qui ont opté pour des régimes marxistes] *en étant lui-même protégé de la guerre qui aura dépouillé Dieu* [la religion] *de ses honneurs et de ses dignités, afin de libérer la ville qui a été construite et installée dans une autre toute petite Mésopotamie* [Lyon entre Saône et Rhône].

« Le chef du gouvernement [Pflimlin en 1958] *sera expulsé du pouvoir et balayé comme plume au vent, ignorant la conspiration des conjurés, qui auront à leur tête le second Thrasybule* [le général de Gaulle] *qui depuis longtemps aura manigancé tout ceci. »*

Pour les parallèles avec le premier Thrasybule, général athénien durant la guerre du Péloponnèse (431 avant J.-C.) et le second Thrasybule, le général de Gaulle, le lecteur trouvera la concordance étonnante entre l'histoire des deux personnages plus loin.

« Alors les immondicités et les abominations seront honteusement mises en avant [débauche de la société de

consommation qui va naître après la Deuxième Guerre mondiale] *et manifestées par les ténèbres qui obscurciront l'esprit, et cela viendra vers la fin du changement de son pouvoir* [allusion à mai 1968 qui va être suivi par le départ du général de Gaulle en 1969]*; et les chefs de l'Église se mettront en arrière de l'amour de Dieu* [contestation dans l'Église [1]] *et plusieurs d'entre eux abandonneront la vraie foi, et des trois courants politiques* [gauche, centre et droite] *celui du milieu* [le centre] *sera mis en décadence. Le premier* [la gauche] *gagnera toute l'Europe* [RFA, France, Grèce, Portugal, Espagne, etc.] *et la plupart de l'Afrique par destruction du troisième* [la droite], *avec l'aide de gens pauvres en esprit qui, grâce à des gens insensés, établiront la corruption et la débauche. Le peuple se soulèvera pour résister et chasser ceux qui auront promulgué de nouvelles lois ; aussi il semblera que les pays affaiblis par les Orientaux* [l'URSS, Pologne, Roumanie, Tchécoslovaquie, Hongrie, RDA, Bulgarie] *soient victimes de Satan libéré par le créateur des prisons infernales, pour faire naître le grand Gog et Magog qui feront tant d'abominables destructions aux églises que les rouges* [communistes] *et les blancs* [musulmans] *en perdront leur jugement, leur pouvoir et leur force. Et leur puissance leur sera enlevée. Alors il sera fait aux églises plus de persécutions qu'il n'en fut jamais fait* [2]. *Et sur ces entrefaites commencera une si grande pestilence que les deux tiers de l'humanité périront* [3]. *A tel point*

1. Le concile Vatican II a déclenché le schisme de Mgr Lefebvre.
2. Indonésie, Timor oriental, moines de Tibérine en Algérie, coptes en Égypte, assassinats de chrétiens au Liban, etc.
3. Grippe aviaire ou pandémie due à l'un des cinquante nouveaux virus responsables des maladies dites « émergentes ».

qu'on ne connaîtra plus les propriétaires des champs et des maisons et que l'herbe poussera dans les rues des villes plus haute que les genoux. Et le clergé subira une désolation totale, et les fauteurs de guerre se serviront des événements du Caire pour aller de Malte jusqu'à la côte Varoise et la grande fermeture du Bosphore sera ouverte.

« Il y aura alors un débarquement sur les plages pour délivrer l'Espagne de l'occupation musulmane. Et toutes ces attaques seront bien réelles et l'endroit où s'établit Abraham [Sichem] *sera attaqué par les vénérateurs de l'Occident. Et la cité de Achem* [Beyrouth] *sera entourée et attaquée en grande force par des armées. Mais leur marine sera affaiblie par les Occidentaux, et ce pays connaîtra une grande désolation ; ses plus grandes villes seront dépeuplées et ceux qui y entreront serviront la vengeance de la colère de Dieu. Et le Saint-Sépulcre*[1] [Jérusalem] *restera longtemps vénéré le soir, sous la contemplation universelle du ciel, du soleil et de la lune ; puis les lieux saints seront échangés* [annexion par Israël] *et hébergeront un troupeau petit* [par le nombre des Israéliens] *et grand* [par son importance pour l'Occident] *et ils seront adaptés aux idées profanes* [chrétiennes et musulmanes par rapport aux Juifs].

1. Les évangélistes racontent que Joseph d'Arimathie déposa le corps de Jésus dans un tombeau neuf, creusé dans la pierre et situé dans un jardin proche du lieu du crucifiement. Or, en l'an 70, les environs de Jérusalem furent bouleversés par les travaux de l'armée romaine... Au IVe siècle, sainte Hélène, mère de l'empereur Constantin, fit creuser le sol et le sépulcre apparut. Eusèbe rapporte que sainte Hélène éleva sur le calvaire un vaste ensemble de constructions... Le Saint-Sépulcre devint un lieu de pèlerinage pour les chrétiens. Du IVe siècle à 1999 : longtemps !

« Ô quelle calamiteuse affliction connaîtront alors les femmes enceintes et le principal chef oriental [la Chine] *sera soulevé par le pays du Nord* [Corée du Nord, Mongolie ?] *qui aura vaincu l'Occident, mis à mort et emprisonné ses enfants, et plusieurs femmes ; et c'est alors que sera accomplie la prophétie du royal prophète : plaise au ciel que les plaintes des prisonniers soient entendues et que ses fils soient délivrés du massacre.*

« Quelle grande oppression sera alors faite aux chefs d'État et de gouvernement même ceux du Japon [maritime et oriental], *et leurs langages seront mêlés dans une grande société* [l'ONU], *les langues latines et arabes, par la communication carthaginoise* [l'islamisme, la Libye], *et tous les chefs d'État d'Asie seront chassés, persécutés ou exterminés, non par le moyen des forces de la Russie, mais au siècle dont on s'approche* [le XXIe, fin de la prophétie], *à cause de trois pays qui auront fait une alliance secrète et qui déploreront la mort et qui se tendront des pièges, et ce triumvirat*[1] *se renouvellera durant soixante-dix ans, et la renommée de ce parti s'étendra sur toute la planète, et malgré lui, le sacrifice de la sainte et immaculée hostie sera poursuivi* [Pologne, Lituanie, etc.], *et deux chefs de Russie seront vainqueurs des Orientaux* [Japon], *et il sera fait chez eux un si grand bruit et tumulte guerrier que tout l'Orient* [la Chine] *tremblera de frayeur à cause de leurs frères* [les Japonais] *non frères de Russie. C'est pour cela, Sire, que, dans ce discours, j'inclus ces prédictions presque avec confusion, et pour savoir quand cela se produira pour compter le temps qui suivra, cela n'est pas nécessaire de le connaître, ou alors*

1. L'URSS était gouvernée par la « troïka » qui signifie triumvirat.

peu conforme au ciel. Ces prédictions faites avec l'aide de l'astronomie, d'autres méthodes et même l'Écriture sainte, ne peuvent pas ne pas se réaliser. Et j'aurais pu, si je l'avais voulu, mettre dans chaque quatrain un calcul de temps ; mais ça n'aurait pas plu à tout le monde, et encore moins mes interprétations, à moins que Votre Majesté m'ait octroyé assez de protection pour ce faire, et ne pas donner prétextes aux calomniateurs de m'agresser. »

Ici, Nostradamus reprenant ce qu'il a déjà signalé dans sa lettre à son fils César, répète que son message prophétique déplaira à beaucoup de gens. Les attaques dont mon premier livre a été l'objet en 1981 en sont une belle illustration !

« *Toutefois j'ai réalisé un comptage des années depuis la création du monde jusqu'à la naissance de Noé, soit mille cinq cent six ans ; et depuis la naissance de Noé jusqu'à ce que l'Arche soit terminée, c'est-à-dire à l'époque du déluge, six cents ans ont passé, faudrait-il encore savoir si les années étaient solaires ou lunaires, ou tenaient compte du mélange de dix* [jours du calendrier Grégorien] *; l'Écriture sainte indique qu'elles étaient solaires. Et à la fin de ces six cents ans, Noé entra dans l'Arche, fut sauvé du déluge. Ce fut alors le déluge universel qui dura un an et deux mois. Depuis la fin du déluge jusqu'à la nativité d'Abraham, il passa deux cent quatre-vingt-quinze ans. Depuis la naissance d'Abraham jusqu'à la naissance d'Isaac cent ans s'écoulèrent. Depuis Isaac jusqu'à Jacob, soixante ans passèrent. De son entrée en Égypte jusqu'à sa sortie passèrent cent trente ans. Et depuis l'entrée de Jacob en Égypte jusqu'à sa sortie quatre cent trente ans s'écoulèrent. Et depuis la sortie* *d'Égypte jusqu'à la construction du temple de Salomon, à la quatrième année de son règne, passèrent quatre cent quatre-vingts ans. Enfin, depuis la construction du Temple jusqu'à Jésus-Christ, selon la supputation des hiérographes*[1]*, quatre cent quatre-vingt-dix ans passèrent. Et c'est ainsi que par cette supputation recueillie à partir de l'Écriture sainte, j'ai trouvé quatre mille cent soixante-treize ans et huit mois peu ou prou. Or depuis Jésus-Christ jusqu'à l'époque de la pullulation des partis* [le XXe siècle] *je n'ajouterai rien, car j'ai supputé et calculé mes prophéties présentes selon la règle de l'enchaînement astronomique, et selon mon instinct naturel et lorsque, quelque temps après, Saturne fera sa révolution du 7 avril au 25 août, Jupiter du 14 juin au 7 octobre, Mars du 17 avril au 22 mai, Mercure du 3 au 24 février et du 25 septembre au 16 octobre, Saturne en Capricorne, Jupiter en Verseau, Mars en Scorpion, Vénus en Poissons, Mercure pendant un mois en Capricorne, Verseau et Poissons, la Lune en Verseau, la tête du Dragon dans la Balance : la queue étant à son signe opposé suivant une conjonction Jupiter-Mercure, avec un quatrain donnant un aspect de Mars à Mercure, et la tête du Dragon sera avec une conjonction Soleil-Jupiter ; l'année sera pacifique et sans éclipse, et puis plus du tout, car elle marquera le commencement d'une persécution contre l'Église chrétienne plus grande encore que celle qui a été faite en Afrique ; et cela correspondra à la fin de* [la monarchie] *qui durera jusqu'en l'an 1792* [21 septembre 1792 : abolition de la monarchie et proclamation de la république],

1. Celui qui écrit des ouvrages sur les choses sacrées, l'histoire des religions.

que l'on croira être une rénovation de siècles ; après quoi le peuple romain commencera à se redresser et à chasser quelques obscures ténèbres pour retrouver son éclat primitif [l'unité italienne et le Risorgimento], *non sans grandes divisions et continuels changements* [de gouvernements].

« Venise en grande force élèvera si haut les ailes du pouvoir qu'elle ne sera guère éloignée de la puissance de la Rome antique. Et en ce temps-là une grande flotte turque sera associée aux Italiens [dans le partage de la Grèce], *avec l'aide de la puissance russe ce qui empêchera les deux Grèce* [la royaliste et la vénizéliste] *d'avoir les mêmes objectifs. Le pays où sont édifiés les antiques arcs de triomphe* [l'Italie] *sera associé à l'Angleterre.*

« Il y aura alors un grand désordre dans l'Adriatique [la question balkanique qui déclenchera la Première Guerre mondiale par l'attentat de Sarajevo en Bosnie]. *Il y aura alors une grande discorde dans l'Adriatique* [Épire du Nord, Italie, Albanie, Bosnie] *où ce qui était uni sera réduit à presque une seule maison* [incendie de Smyrne par les Turcs], *et la toute-puissance de l'Allemagne sera comprise dans ce conflit autour du 45ᵉ degré* [parallèle] [l'Empire austro-hongrois qui s'effondrera dans la Première Guerre mondiale], *ainsi que les 41ᵉ, 42ᵉ et 37ᵉ parallèles. »*

La Grèce et la Turquie. Le Dodécanèse resta à l'Italie et l'Épire du Nord à l'Albanie. L'impérialisme italien, pour intimider la Grèce vaincue, n'hésita pas à bombarder Corfou.

Les guerres balkaniques d'abord, la guerre mondiale ensuite, qui doublèrent en dix ans le territoire et la population de la Grèce (2 187 208 habitants en 1889,

5 016 889 en 1920 et 6 204 674 avec les réfugiés d'Asie Mineure et des Balkans en 1928) eurent une très grande répercussion sur l'économie grecque et en précipitèrent l'évolution sociale et politique.

Nostradamus, après avoir situé le point de départ du premier conflit mondial, va décrire ce second Antéchrist que fut Hitler, après Néron, qu'il nomme ainsi, autant pour la persécution contre les juifs que contre les chrétiens. Hitler, qui a servi comme caporal dans l'armée allemande, va, dès 1919, adhérer au Parti ouvrier allemand.

« Et dans ce même temps et dans cette région [la Mésopotamie d'Europe], *la puissance infernale* [le nazisme] *s'attaquera à l'Église de Jésus-Christ donnant tout pouvoir aux adversaires de la loi chrétienne ; cela étant mené par un second Antéchrist* [Hitler] *qui persécutera cette Église et le Pape, avec l'aide de la puissance de gouvernements qui chuteront et qui seront séduits par les discours* [d'Hitler], *à cause de leur ignorance, et qui feront pire que ne ferait un fou armé d'un glaive* [persécution des Juifs et allusion à la « nuit des longs couteaux »]. *Le pouvoir de cet Antéchrist durera jusqu'à la fin de celui qui sera né près de l'époque* [XXIe siècle, objet principal de la prophétie – Hitler est né en 1889], *et jusqu'à* [la libération] *de Lyon, allié à l'élu de Modène* [Mussolini ; la région de Modène, avec Ferrare et Bologne, sera le point de départ du fascisme], *qui le soutiendra,* [son pouvoir ayant commencé] *par Ferrare, il se maintiendra au pouvoir depuis la Ligurie jusqu'à l'Adriatique, peu après* [le débarquement] *de Sicile.»*

En 1921, trois villes vont être, avant la marche sur Rome, des centres importants du fascisme. Le 3 avril, une manifestation d'une ampleur extraordinaire a lieu à

Bologne : la « fête du parti fasciste ». Quelques jours plus tard, le 15 mai 1921, ont lieu les élections législatives. Elles sont pour les fascistes une retentissante victoire : trente-cinq élus dont Benito Mussolini qui a recueilli à Bologne 172 491 voix. L'un des principaux chefs fascistes est Italo Balbo de Ferrare.

Un an plus tard, le 12 mai 1922, Italo Balbo lance ses troupes (40 000 hommes) à la conquête de Ferrare, puis Rovigo et Bologne. Les forces fascistes sont alors engagées en Ligurie.

Début septembre 1944, Lyon est libéré. On pourrait se demander pourquoi Nostradamus choisit Lyon comme point de repère temporel pour marquer la concomitance entre la libération de cette ville et le repli de l'armée allemande en Italie sur la Ligne gothique entre Rimini et La Spezia, c'est-à-dire entre la Ligurie et l'Adriatique. Il y a deux raisons : la première pour l'indication de temps – la libération de Lyon et l'installation sur la Ligne gothique ont lieu en même temps – et la deuxième à cause de l'importance de Lyon dans la Résistance en France. Robert Aron, dans son *Histoire de la libération de la France*, écrit : « Le 28 août, des deux côtés, la tenaille se resserre. Paris libéré depuis l'avant-veille est traversé par des divisions alliées, dont les unes foncent vers le nord-est de la France et la Belgique, tandis que les autres se dirigent vers Dijon. [...] Le premier objectif sera la jonction des armées alliées de Provence et de Normandie. Pour y parvenir il faut marcher sur Lyon. [...] Depuis juin 1940, Lyon, qui marque avec Dijon les limites de la souricière où peut être prise la Wehrmacht, joue en France un rôle essentiel. Capitale de la Résistance, elle deviendra par voie de conséquence capitale de la répression, de la terreur et parfois de la discorde. [...] »

Quant à la persécution contre l'Église catholique et le pape menée par Hitler et le nazisme, Hans Kuhner, dans son *Dictionnaire des papes*, écrit : « Le concordat signé avec l'Allemagne, en 1933, ne représentait, pour le régime terroriste nazi, qu'un chiffon de papier et fut violé dès le premier jour ; peu de temps après commencèrent les persécutions sanglantes des catholiques qui durèrent jusqu'à la fin de la Deuxième Guerre mondiale. Lorsque Hitler vint à Rome en 1938, le pape refusa de voir l'assassin de milliers d'innocents. Il fit fermer le Vatican et quitta ostensiblement Rome. »

Arrivé à ce point de sa *Lettre à Henry, roy de France second*, Nostradamus va s'étendre sur le troisième conflit mondial et sur les guerres de l'Antéchrist (1999) menées par le régime marxiste *de l'Empire* asiatique, alliés aux pays musulmans du « midi ».

« Puis Rome disparaîtra. Le chef français sera accompagné d'un grand nombre de gens venus du lointain Empire [américain] *qui aura imposé la grande loi* [le capitalisme], *et c'est alors que pendant quelque temps le sang des innocents sera répandu par des gens nuisibles qui auront été élevés* [à des postes de commandement] *; alors à cause de grandes révolutions, les choses qui conservent la mémoire* [les livres] *subiront de grandes pertes, ainsi que la littérature et cela sera du côté des Russes par la volonté divine et cela aura lieu une fois que Satan aura été enchaîné ! C'est alors que sera faite une paix universelle entre les hommes et que l'Église de Jésus-Christ sera délivrée de toute tribulation, après que les habitants de Gaza auront voulu mêler du fiel au miel par leur*

infâme séduction, et cela sera proche du septième millénaire [l'an 2001 – 11 septembre], *de telle sorte que le sanctuaire de Jésus-Christ* [Jérusalem] *ne sera plus foulé aux pieds par les infidèles qui viendront de la Russie*[1], *le monde approchant d'une grande conflagration, bien que mes supputations dans mes prophéties ne couvrent pas tout le cours du temps qui va beaucoup plus loin.* »

Nostradamus insiste une fois encore sur ce fait que sa prophétie a une limite temporelle, au moment où il vient de parler du VIIe millénaire.

« *Dans la lettre qu'il y a quelques années, j'ai dédié à mon fils César, j'ai assez ouvertement déclaré un certain nombre de points autres que des présages* [exposé de la méthode, de l'esprit, des mises en garde et de l'origine de la prophétie]. »

« *Mais ici, ô Sire, j'ai inclus plusieurs grands et merveilleux événements que nos successeurs verront. Et c'est pendant ce calcul astrologique accordé à l'Écriture sainte, que la persécution des gens d'Église prendra son origine dans la puissance de la Russie unie avec les Orientaux* [Chine ?]. *Et cette persécution durera un peu moins de onze ans, et c'est alors que s'effondrera le principal chef de la Russie. Ces onze années révolues surgira son allié méridional* [les pays musulmans du Sud : Iran, Syrie, Irak, Afghanistan, Palestiniens, etc.] *qui persécutera avec encore plus de violence, pendant trois ans, les gens d'Église, par le moyen d'une séduction apostate d'un personnage qui tiendra sa toute-puissance de l'Église*

1. La communauté des Juifs russes immigrés en Israël est une des plus importantes.

militante [intégristes musulmans], *et le saint peuple de Dieu, observateur de sa Loi et tous ordres religieux seront grandement persécutés et affligés, tellement que le sang des vrais ecclésiastiques nagera partout, et un des horribles rois temporels* [l'Iran] *recevra de ses partisans de telles louanges qu'il en profitera pour répandre plus de sang humain d'innocents hommes d'Église que nul ne saurait avoir autant de vin ! Et ce chef-là commettra d'incroyables forfaits contre l'Église, au point que le sang humain coulera dans les rues et dans les églises, comme l'eau par fortes pluies ; et les fleuves qui nous sont proches rougiront de sang, et, en outre, la mer rougira par une grande guerre navale si bien que les rapports qui en seront faits d'un chef d'État à l'autre pourront dire : les guerres navales ont rougi la surface de la mer. Puis, dans cette même année et durant les suivantes, cela entraînera la plus horrible pestilence qui s'ajoutera à la famine précédente et l'on connaîtra de si grandes tribulations qu'il n'en était jamais arrivé de telles depuis la fondation de l'Église du Christ, et cela par toutes les régions d'Italie. Cela laissera des traces dans toutes les régions d'Espagne. C'est alors que le troisième chef de la Russie entendant la plainte du peuple et sa principale revendication, dressera une très grande armée et franchira les détroits* [Bosphore, détroit d'Ormuz, golfe d'Aden] *qui avaient été convoités par ses aïeux et bisaïeux pour le remettre en son état, puis le grand Capétien sera remis en son état primitif ; mais à la fin, son règne sera désolé et tout sera abandonné, pour en arriver à la destruction du Saint des Saints* [Rome] *par le paganisme. L'Ancien et le Nouveau Testament seront interdits et brûlés, après quoi l'Antéchrist sera le prince infernal ; et pour la dernière fois, tous les pays chrétiens trembleront, et aussi à cause des infidèles* [les musulmans] *pendant vingt-cinq ans, il y aura des guerres et des batailles encore plus ruineuses, et les villes, les villages, les châteaux et autres édifices seront brûlés, désolés ou détruits avec une grande effusion de sang de jeunes filles, de femmes mariées, de veuves violées, les nourrissons jetés contre les murs des villes qui seront ainsi heurtés et brisés ; et tant de malheurs seront provoqués par Satan, prince des Enfers, que presque toute la planète sera désorganisée et désolée Après ce temps que les hommes auront trouvé long, la face de la terre sera renouvelée par l'avènement de l'âge d'Or.*

« Dieu le Créateur ordonnera, entendant l'affliction de son peuple, que Satan soit enchaîné et jeté dans l'abîme de l'Enfer, dans la profonde fosse : commencera alors entre Dieu et les hommes une paix universelle, et Satan demeurera lié pendant environ mille ans, ce qui apportera une plus grande force à la puissance de l'Église ; et puis il sera de nouveau délié.

« Tous ces schémas sont en accord avec les Écritures saintes et les choses visibles dans le ciel [l'astronomie], *à savoir Saturne, Jupiter et Mars et autres planètes en conjonctions, comme on pourra le voir plus en détail dans certains quatrains. J'aurais pu faire des calculs plus approfondis et adaptés les uns aux autres, mais considérant, ô Sérénissime Roy, que la censure puisse apporter quelques difficultés, j'ai donc retiré ma plume du papier durant le calme de mes nuits. En effet, ô très puissant roi de toutes choses, bien des événements à venir sont exprimés clairement avec bon sens et concision, mais je n'ai ni voulu ni pu tout assembler dans cette lettre qui s'adresse à vous ; car pour comprendre certains événements terri-*

fiants, il faudra qu'un peu de destinée soit accomplie ; et pour grandes que soient votre dignité et votre humanité sur toute la terre, ainsi que votre piété envers Dieu, montrez-vous digne d'être le seul à porter le nom de roi très puissant et très chrétien que l'autorité de toute la religion vous octroiera.

« Mais ce que je souhaite le plus vivement, ô Roi très clément, avec votre inégalable et sage humanité, c'est que vous considériez mon désir de courage et l'entière application que j'ai d'obéir à votre sérénissime Majesté, depuis que ma vision m'a fait voir votre splendeur solaire [allusion aux origines bourboniennes : le Roi soleil] *et cela n'est pas requis par l'importance de mon travail. »*

« A fait Michel Nostradamus, de Salon Province de la Pierre, ce 27 juin 1558. »

Chapitre 7

LA PROPHÉTIE : UN « VOYAGE » DANS LE BLOC ESPACE-TEMPS ?

« Douter de tout ou tout croire,
ce sont deux solutions également commodes
qui, l'une et l'autre, nous dispensent de réfléchir. »
Henri Poincaré, *La Science et l'Hypothèse.*

Lorsqu'on aborde avec un rationaliste le sujet de la prophétie, celui-ci affirme avec la plus grande assurance qu'il est impossible de « pré-voir » l'avenir. Et si on lui demande de prouver rationnellement et scientifiquement cette assertion, il n'a aucun argument solide pour étayer son affirmation péremptoire.

Un minimum de modestie devrait nous obliger à reconnaître que nous ne savons presque rien du fonctionnement du cerveau de l'homme qui reste pour la communauté médicale la plus grande énigme. L'homme est doué de talents multiples et parfois presque uniques, c'est-à-dire portés par un seul ou de très rares individus. Il n'y a eu qu'un seul Rembrandt, qu'un seul Léonard de Vinci, qu'un seul Einstein, etc. Ces deux derniers ont eu une sorte de « pré-science ». Léonard de Vinci a imaginé l'hélicoptère, le sous-marin, etc. Quand Einstein a énoncé sa théorie de la relativité générale, il n'avait alors aucun commencement de preuve scientifique pour la soutenir, et pourtant, aujourd'hui, les progrès de l'outil scientifique ont permis de démontrer que cette théorie était une base indispensable en astrophysique ainsi que dans bien d'autres domaines de la recherche fondamentale.

Lorsqu'en 1913 Paul Langevin édicta son paradoxe des jumeaux, il ne pouvait se douter qu'il faudrait attendre les expériences américaines de 1971 pour démontrer que l'hypothèse allait devenir une loi physique. La vérification du paradoxe fut faite avec des horloges atomiques au césium, machines précises à 10^{-14} secondes. Les horloges en déplacement dans des avions Boeing retardaient ou avançaient, selon qu'elles s'étaient déplacées vers l'est ou vers l'ouest, par rapport à l'horloge de référence restée au sol. Ce qui signifie que, à la vitesse de la lumière, le jumeau subissant une accélération aurait survécu à son frère, mort longtemps avant lui.

Y a-t-il une énorme différence entre ces visionnaires de la science et le visionnaire de l'Histoire, celui que l'on appelle prophète ? Répondre par l'affirmative ou la négative, en fonction de nos connaissances dans la physique des particules, serait bien présomptueux.

Dans le domaine de l'espace-temps, les scientifiques en sont aux premiers balbutiements et ils ont la sagesse de le reconnaître et de le dire. Dans le numéro d'octobre 1988 de la revue de l'Association française d'astronomie (AFA) *Ciel et Espace*, Alain Bouquet, physicien, chargé de recherche au CNRS, écrivait, sous le titre « Dans l'abîme du temps » : « Qu'est-ce que le temps ?

Les réponses apportées à cette question divergent comme les natures des sensibilités questionnées. Mais si, pour le physicien, l'astronome, le philosophe ou le poète, le temps n'a pas la même valeur, tous, en revanche, posent la même passionnante énigme : peut-il couler à l'envers ? Les théories modernes de l'astrophysique ne l'excluent pas lorsqu'elles ne donnent pas de sens à la flèche du temps. » Dans ce même article, Alain Bouquet précise : « Les trois dimensions de l'espace fusionnent avec la dimension du temps pour former un espace-temps à quatre dimensions, qui est, lui, universel. Cet espace-temps contient la totalité des événements passés, présents et futurs, tout aussi déterminés que dans le cas de Laplace. »

Cette énigme nous amène à nous poser cette question fondamentale : devons-nous toujours lire le grand livre de l'univers de la première à la dernière page ; et pourquoi ne pourrions-nous pas le lire de la dernière à la première page ? Comme l'affirme Alain Bouquet : « Dans un univers-bloc, il n'y a pas de distinction entre passé, présent et futur. »

Dans sa *Préface à César*, Nostradamus ne dit pas autre chose, lorsqu'il écrit : « La vertu causale touche à la longue étendue de la connaissance naturelle, prenant son origine la plus immédiate dans le libre arbitre, fait apparaître des causes qui ne peuvent d'elles-mêmes faire acquérir cette connaissance pour être révélées, ni par les interprétations des hommes, ni par un autre mode de connaissance, ou science occulte, comme sous la voûte céleste, *du fait présent jusqu'à la totale éternité qui embrasse la globalité du temps.* Mais moyennant cette indivisible éternité, les causes sont connues par le mouvement du ciel. »

Un peu plus loin, Nostradamus ajoute cette phrase qu'aucun astrophysicien moderne ne pourrait considérer comme erronée : « En rejetant au loin les imaginations fantasques, par le jugement on peut avoir la connaissance des causes futures qui se produiront, en te limitant aux noms de lieux et une partie du temps [autrement dit : une partie du bloc espace-temps], par une vertu ayant une propriété cachée, à savoir par la puissance et la faculté divines, en présence desquelles *les trois temps* [passé, présent et futur] *sont compris dans le temps dont le déroulement est lié à la cause passée, présente et à venir.* »

Voilà bien un discours qui était incompréhensible pour les contemporains de Nostradamus et qui, même aujourd'hui, reste difficile d'accès au commun des mortels. Notre voyageur de l'espace-temps répète ce principe comme un leitmotiv : « Par la course du temps on connaîtra l'avenir », un peu plus loin : « Et j'ai fait mes supputations concernant les événements des temps à venir, l'esprit libre et hors d'atteinte ; utilisant les époques passées, comprenant le présent, ainsi on connaîtra l'avenir par le cours du temps dans toutes les régions. » Temps et régions, autrement dit l'espace-temps.

N'est-il pas surprenant de voir émettre, dans ce XXe siècle qui a vu littéralement exploser le progrès scientifique, une théorie de l'espace-temps proposée quatre siècles et demi plus tôt ? Ce qui laisse à penser que Nostradamus a eu la connaissance ou la conscience du phénomène qui lui a permis d'entrer dans ce bloc et de voir simultanément passé, présent et futur. Son affirmation de nombreuses fois répétée que tout vient de

Dieu le Créateur pourrait faire penser qu'il assimile le Créateur et la création à ce bloc espace-temps.

Dans sa préface à son fils César, Nostradamus écrit : « Encore mon fils, que je ne t'ai mis ici le nom de prophète, je ne veux pas m'attribuer un titre aussi sublime pour le temps présent, car, qui est dit prophète, à proprement parler, mon fils, est celui qui voit des choses lointaines par la connaissance naturelle de toute créature. Et il peut arriver que le prophète, *moyennant la parfaite lumière de la prophétie*, fasse apparaître, d'une façon manifeste, des choses divines et humaines, parce que ça peut se faire autrement, vu que les effets de la prédiction future s'étendent loin dans le temps. » Nostradamus distingue ici le prophète du voyant qui a ses limites dans le temps présent, alors que le prophète est celui qui voit des choses lointaines ; ce qu'a fait notre médecin astronome. Cette distinction est particulièrement astucieuse, car elle était incompréhensible pour l'Inquisition.

Une nouvelle théorie émise par le professeur Régis Dutheil [1] vient renforcer mon hypothèse pour expliquer le phénomène de la prophétie. Ce savant a consacré une grande partie de sa vie à la recherche en physique fondamentale [2]. Le livre qui m'intéresse particulièrement pour ce qui précède est celui qu'il a publié aux éditions

1. Agrégé de médecine, professeur de physique et de biophysique à la Faculté de Médecine de Poitiers, membre de la Fondation Louis de Broglie.

2. *L'Initiation à la physique relativiste* (Gauthier-Vilars, 1969), *Théorie de la relativité et mécanique quantique dans la région du genre espace* (Ducrouaux, 1989), *La Médecine superlumineuse* (Sand, 1992).

Sand en 1990 : *L'Homme superlumineux.* L'hypothèse qu'il émet imagine qu'il existe un second univers complémentaire et symétrique au nôtre, où les vitesses sont toujours supérieures à celle de la lumière. « Dans cet univers, la notion de temps n'existe plus, puisque l'on peut se déplacer de manière instantanée dans le passé, le présent ou le futur. » Cet univers, qu'il a baptisé « espace-temps superlumineux », n'est constitué que d'informations et de conscience : toutes les informations (passé, présent et futur) et la conscience de toute l'humanité. Une hypothèse qui rejoint les intuitions de certains philosophes de l'Antiquité et bouleverse les notions mêmes de naissance et de mort.

Ce physicien suppose que le cerveau de l'homme émettrait des particules dont la vitesse serait supérieure à celle de la lumière. Il les appelle des « tachyons » (du grec ταχύς, *tachus*, vite, rapide).

Là encore, cette théorie rejoint étrangement le discours de Nostradamus sur *le passé le présent et l'avenir qui font partie*, dit-il, *de la globalité du temps.*

En outre, il y a l'utilisation, dans la phrase de Nostradamus citée plus haut, d'une expression qui laisserait penser qu'il a eu une prescience de la relativité : « moyennant *la parfaite lumière* de la prophétie ». Autrement dit, une lumière parfaite dont la vitesse serait supérieure à la lumière imparfaite limitée à 300 000 km/seconde. Le projet ITER (International Thermonuclear Reactor) apportera-t-il une réponse à cette hypothèse scientifique ?

Régis Dutheil a été aidé dans ses recherches par son épouse Brigitte, ancienne élève de Normale Sup, professeur de lettres classiques, qui s'est spécialisée dans l'étude des problèmes d'histoire et de philosophie posés par la conscience et la mort. Il est pour moi évident que cette littéraire a apporté à son mari « un esprit de finesse » qui a merveilleusement complété « l'esprit de géométrie », selon Pascal, de ce scientifique. Dans l'ouvrage cosigné par le couple, il est expliqué que « la conscience, décrite comme une substance matérielle, est formée de matière superlumineuse, d'un champ de matière tachyonique (c'est-à-dire composée de tachyons), de particules superlumineuses situées au-delà du mur de la lumière et associées à un espace-temps dont les propriétés spatiotemporelles sont radicalement différentes de celles que nous connaissons. »

Mais revenons à notre médecin prophète et à cette capacité qu'il a peut-être eue de rentrer dans une partie de ce bloc espace-temps. On doit envisager seulement une partie de ce bloc, parce que la vision prophétique est limitée dans le temps et dans l'espace. En ce qui concerne le temps, sa « projection » semble commencer vers le ve siècle avant Jésus-Christ pour se terminer aux environs de 2026. Quant à l'espace, comme il l'écrit lui-même, il est limité à l'Europe, à l'Afrique, à une partie de l'Asie et à une toute petite part du continent américain ; s'il indique le drame du 11 septembre, c'est parce que ce grave événement touche toute la chrétienté et doit être considéré comme le début des vingt-cinq ans de cette guerre qui ne veut pas dire son nom de mondiale, dont l'annonce est faite par Ben Laden en juillet 1999 : troisième guerre mondiale du XXe siècle.

Cette hypothèse du voyage de Nostradamus dans une partie du bloc espace-temps voit un début d'explication par plusieurs indices. Par exemple, lorsque Nostradamus compare le général de Gaulle au général Thrasybule, le libérateur d'Athènes du joug spartiate, lors de la guerre du Péloponnèse qui éclata en 431 avant Jésus-Christ, il semble qu'il ait vu en même temps cette guerre entre Athènes et Lacédémone et la Deuxième Guerre mondiale.

Ainsi a-t-il pu observer que le système politique qui régissait Sparte était tout à fait comparable au national-socialisme.

Voyons comment fonctionnait la dictature à Sparte : les garçons étaient enlevés à leur mère à l'âge de dix ans et embrigadés dans des mouvements de jeunesse (les Jugen SS) ; les vieillards, les enfants mal formés, bouches inutiles, étaient impitoyablement éliminés (l'eugénisme des théoriciens du nazisme). Les Spartiates étaient xénophobes et avaient interdiction d'épouser des métèques (du grec μέτοικος, *métoikos*, qui veut dire littéralement : « qui ne fait pas partie de la maison », et par extension : « étranger »).

Lors de l'instauration par les Spartiates du régime des Trente Tyrans (les Kommandanturs), des Athéniens prirent le chemin de l'exil, alors que d'autres formèrent des groupes de délateurs professionnels que l'on appelait les sycophantes (la milice en France), chargés de livrer à l'occupant tout individu hostile à Sparte (la rafle du Vel' d'Hiv et autres arrestations par les autorités françaises.) Le général Thrasybule prit la tête des bannis et se réfugia à Thèbes, puissance démocratique alliée d'Athènes (parallèle avec Londres), et lança, depuis cette cité, un appel à la résistance contre l'envahisseur spartiate ; puis, à la tête d'une petite troupe qui allait grossir de jour en jour, libéra Athènes de l'occupant spartiate. Et, comme si ces similitudes entre la guerre du Péloponnèse et la Deuxième Guerre mondiale n'étaient pas assez précises, une fois Athènes libérée, Thrasybule rétablit la constitution de Solon qui était la constitution démocratique d'avant l'invasion. Le général de Gaulle fit de même en créant la IVe République, après que l'occupant allemand eut mis à mort la IIIe. Il y a donc un schéma identique et étonnant entre ces deux conflits.

Il est impossible d'identifier dans ce général athénien le général de Gaulle, si l'on ne connaît pas la guerre du Péloponnèse remarquablement décrite par Thucydide en 411 avant J.-C. ; on ne peut donc pas faire ce bond dans l'espace-temps entre 431 avant J.-C. et 1940.

Tout se passe pour Nostradamus comme s'il avait eu devant lui un mur d'images représentant cette tranche d'histoire de vingt-cinq siècles. Il aurait donc, en 1555, vécu comme présentes, à la fois ces deux guerres, alors que pour son contemporain, le roi Henri II par exemple, la guerre du Péloponnèse était passée et la Deuxième Guerre Mondiale à venir. Cette hypothèse est capitale, car elle écarte la thèse du déterminisme et explique pourquoi Nostradamus s'appuie sur *le libéral arbitre* dont il parle dans sa préface. En effet, il voit les folies que les hommes font, que ce soit en 431 avant Jésus-Christ ou en 1940. On peut donc reformuler cela en constatant que notre prophète fait une « promenade » dans l'espace-temps d'environ vingt-quatre siècles, au cours desquels il rapporte, en 1555, les guerres et les atrocités que les hommes font, et non qu'ils étaient, sont ou seraient obligés de faire.

L'objectif essentiel que poursuit le prophète n'est pas d'annoncer des catastrophes inéluctables, mais de dénoncer les folies meurtrières des hommes, en souhaitant qu'ils prennent en compte l'avertissement prophétique. C'est la raison pour laquelle il est vain d'aller chercher dans ces écrits l'invention de la bicyclette, du téléphone, de la télévision ou des satellites.

L'invention du nucléaire n'est pas son objet. En revanche, les catastrophes provoquées par cette invention sont rapportées en détail, telle l'explosion du réacteur de la centrale de Tchernobyl ou la destruction d'Hiroshima et Nagasaki dont voici la description saisissante :

II, 91

Soleil levant un grand feu on verra,
Bruit & clarté vers Aquilon tendans ;
Dedans le rond mort et cris l'on orra,
Par glaive, feu, faim, mort les attendans.

Au Japon (l'empire du « Soleil-Levant ») on verra un grand feu, du bruit et de la lumière (le vacarme et l'immense clarté créés par l'explosion atomique), vers la Russie (l'empire du Nord) qui occupe encore les îles Kouriles, ancien territoire japonais. Dans le cercle de mort [1], on entendra des cris. Par la guerre, le feu et la faim les hommes attendront la mort. Notons que Nostradamus utilise deux fois le mot *mort*, ce genre de redite étant rare dans son texte.

---

1. Les dégâts causés par les deux bombes atomiques lâchées sur le Japon furent représentés en *cercles concentriques*, de la destruction totale à la plus petite irradiation.

Un second quatrain décrit cet épouvantable massacre que fut l'anéantissement des deux cités japonaises :

II, 6

Auprès des portes & dedans deux cités
Seront deux fléaux & onc n'aperceu un tel :
Faim, dedans peste, de fer hors gens boutés,
Crier secours au grand Dieu immortel.

Près des *portes* (le Japon, « Portes de l'Orient ») et dans deux villes (Hiroshima et Nagasaki), il y aura deux fléaux que personne n'avait encore vus (première utilisation de l'arme atomique) ; ces fléaux provoqueront la famine et la maladie ; les gens seront frappés (*bouter* en ancien français) par autre chose que le fer (symbole de la guerre) (l'uranium ?). Et ils invoqueront l'empereur, représentant de Dieu.

Ces descriptions saisissantes laissent à penser qu'il a réellement VU brûler sous le feu atomique les deux villes du Japon, car à la lecture de ces deux quatrains on a l'impression qu'il a vécu ces événements comme passés.

L'expression « personne ne vit [auparavant] un tel fléau » met en évidence son voyage dans l'espace-temps, puisqu'une telle catastrophe n'avait pas eu lieu avant 1555, date à laquelle il la décrit, mais aussi avant 1945. Il fait donc un parcours de quatre cent quatre-vingt-dix ans sur une distance de vingt mille kilomètres. Ces deux quatrains montrent également que, si Nostradamus n'a rapporté que très peu d'événements touchant le continent américain, il a vu l'importance de l'Amérique et de ses actions sur les continents qui l'intéressent particulièrement : *« l'Europe, l'Afrique et une partie de l'Asie* [1] *».*

Un autre exemple qui illustre cette perception exceptionnelle de l'espace-temps est la phrase dans laquelle Nostradamus annonçait la fin de l'Ancien Régime pour l'année 1792. Le jugement de valeur qu'il porte en disant que cette année-là ne sera pas perçue comme *une rénovation de siècles* ne peut s'expliquer qu'en imaginant qu'il a vu simultanément les treize siècles de monarchie et les cinq Républiques dont pas une seule n'atteindra une durée d'un siècle.

Au début de la *Lettre à Henry, roy de France second,* Nostradamus précise lui-même quelle est la part du bloc espace-temps qu'il a eu la possibilité de connaître, du moins en ce qui concerne l'avenir. En effet, il écrit : *« Espérant avoir laissé par écrit les événements qui toucheront les ans, les villes, les cités, les régions ; et même les années 1585 et 1606, à partir d'aujourd'hui, le 14 mars 1557. Et allant bien au-delà de ces dates jusqu'à l'avènement du septième millénaire, par une mûre réflexion, jusqu'où mon calcul astronomique et autre connaissance m'ont permis d'aller.* [...] *Le tout a donc été composé et calculé en jours et heures choisis et bien agencés. »*

Voilà bien l'autre connaissance que Nostradamus évoque, sans la préciser, sans quoi, en pleine Inquisition, il risquait d'être brûlé pour hérésie. Tenant compte de la chronologie biblique, ce septième millénaire a commencé en l'an 2000 ; en effet, aux quarante siècles d'Ancien Testament, il faut ajouter les vingt siècles d'ère chrétienne.

1. *Lettre à Henry, roy de France second.*

Nostradamus a astucieusement codé la date de la fin de sa vision prophétique, terme qui correspond aux premières années du septième millénaire. Il écrit dans la *Lettre à César*: *« J'ai composé des livres de prophéties* [...] *qui constituent de perpétuelles vaticinations d'aujourd'hui* [1555] *à l'an 3797. »* Il précise ici une portion de temps comprise entre ces deux dates, soit 2 242 ans. Si l'on ajoute ces 2 242 ans au 4 757 ans de la chronologie biblique qu'il indique dans cette même lettre, on trouve la date de 6999 (ère judaïque + ère chrétienne), soit l'année 1999 selon la chronologie chrétienne. Comme il nous indique dans deux quatrains que les guerres de l'Antéchrist (Ben Laden) commencent en juillet 1999 et que ces guerres dureront vingt-sept ans, le terme de la prophétie se situerait entre 2025 et 2026. Cette façon de calculer nous est étrangère ; c'est la raison pour laquelle il n'est pas facile de retrouver les dates que Nostradamus a sous-entendues.

Cette vision peu commune de l'Histoire oblige le traducteur à tenter d'abandonner son propre espace-temps, prisonnier qu'il est du lieu où il se trouve à un moment donné, avec l'impossibilité de s'en évader.

Combien d'auditeurs, de lecteurs, de journalistes ont pris contact avec moi, depuis 1980, pour que j'indique les événements qui allaient se produire l'année suivante !

En fonction de son voyage dans le bloc espace-temps, Nostradamus ne rédige pas un calendrier d'événements, mais il décrit un enchaînement et un déroulement de faits qui s'imbriquent les uns dans les autres. L'écheveau n'en est que plus difficile à démêler. À tout moment, on peut être confronté à un quatrain qui indique un événement passé et un autre à venir ou deux événements séparés par plusieurs années, voire plusieurs siècles, alors que, pour Nostradamus, dans son bloc espace-temps ces deux événements sont contemporains. D'où la quasi-impossibilité de classer événements et quatrains chronologiquement selon nos critères habituels de calendrier.

Nostradamus n'a donné que peu de dates en clair : 1792 et 1999. Ces deux dates ont été avérées ; la première par la proclamation de la Ire République en septembre, fin de l'Ancien Régime, et la deuxième par l'appel à la guerre sainte lancée contre « les croisés » par Ben Laden au mois de juillet.

Voici un autre exemple de l'inclusion dans un quatrain de deux événements séparés par quarante-deux ans :

III, 59

Barbare empire par le tiers usurpé,
La plus grand part de son sang mettra à mort :
Par mort sénile par lui le quart frappé,
Pour peur que sang par le sang ne soit mort.

La IIIe (République) s'emparera du Maghreb dont le nom était au XVIe siècle *côtes barbaresques* et massacrera un nombre important de gens ; la IVe (République), vieillie, sera frappée par lui (l'empire barbaresque) dans un esprit de vengeance.

Les mots *tiers* et *quart* étaient en usage à la place de troisième et quatrième. C'est bien la IIIe République qui va parachever la conquête du Maghreb : en Algérie les décrets du 26 août 1881 complètent l'emprise de la France sur ce pays par le système des « rattachements ». En 1881, Jules Ferry fait envahir la Tunisie avec une armée de trente mille hommes. Le 30 mars 1912, la convention de Fès instaure le protectorat français sur le Maroc. En 1954 commence le soulèvement en Algérie qui entraînera la chute de la IVe République en 1958.

Lorsque, dans la *Lettre à Henry, roy de France second*, Nostradamus donne soixante-dix ans de vie à l'Union soviétique, proclamée en 1922 et effondrée en décembre 1991, il nous interpelle sur la façon de classer le début et la fin du régime : est-il plus logique de classer chronologiquement le texte prophétique en 1922 ou en 1991 ? On ne peut classer les quatrains que par thèmes ou par séquences d'histoire. Dans les différents ouvrages que j'ai consacrés aux centuries, cette impossibilité de classement chronologique a conduit, pour l'avenir, à un désordre déroutant, ce qui n'en facilite pas la lecture.

Il est donc vain de vouloir reclasser l'ensemble des textes selon la logique cartésienne, d'autant plus que le point de repère «phare» de 1999, véritable charnière entre le commencement de la fin et la fin de l'ère chrétienne, est là pour servir de pivot aux séquences à venir. Le commencement de la fin se situant en 1792, première date donnée en clair par Nostradamus, année qui met fin à treize siècles de monarchie de droit divin et chrétien.

La façon d'aborder l'Histoire à travers le filtre de la prophétie n'a rien de commun avec les méthodes actuelles d'enseignement de cette discipline. En effet, les manuels scolaires proposent une histoire découpée en une sorte de calendrier, où les événements se succèdent chronologiquement. Il n'est pas facile de se débarrasser de cette formation, véritable handicap pour entreprendre des recherches sur la vision de Nostradamus. Au bout de plusieurs décennies de travail sur les écrits de Nostradamus, on finit par entrer dans son système de références, ce qui permet de passer, sans transition, d'événements à venir à des événements passés, éloignés les uns des autres, et inversement.

Cette gymnastique intellectuelle est également imposée par le vocabulaire. La langue de Nostradamus est celle du XVIe siècle, émaillée de termes de l'ancien et du moyen français que tout humaniste pratiquait à cette époque. On est donc amené à franchir d'un seul coup quatre siècles et plus pour pratiquement chaque mot : par exemple, vous lisez Raguse et vous devez penser immédiatement Dubrovnik, nom moderne de cette cité historique ; même chose pour Mésopotamie qui doit être traduit par Irak, Césarée pour Saragosse, Verbine pour Vervins, Herbipolis pour Wurtzbourg, etc. On pourrait multiplier à l'infini ce genre d'exemples. On ne peut donc pas donner de sens à la flèche du temps et l'Histoire devient un tout dans la partie du bloc à quatre dimensions à laquelle Nostradamus a eu accès.

Après un long apprentissage de cette méthode, on peut alors concevoir globalement l'histoire des treize siècles de monarchie comparée à celle des cinq Républiques ; ce qui permet de faire le constat suivant : la Ire République a porté au pouvoir Napoléon Ier et le premier Empire, la IIe République Napoléon III et le second Empire, la IIIe République a cédé la place à Pétain et l'État français, la IVe République a été renversée par le général de Gaulle et les pleins pouvoirs (article 16 de la Constitution de 1958). Cette manière d'envisager l'histoire des Républiques à travers le temps conduit tout naturellement à se demander quel personnage au pouvoir personnel pourrait être amené par la Ve République ?

Cette question n'est pas plus absurde ou irréalisable que celle de l'arrivée de Napoléon Ier sur la pagaille du Directoire, de Napoléon III sur celle de la IIe République, de Pétain sur celle de la IIIe République ou de Charles de Gaulle sur celle de la IVe. En matière d'Histoire, tout est possible parce que la logique ne la régit pas en regard de la raison humaine. Seul un tel postulat accepté préalablement permet d'essayer de rentrer dans le bloc espace-temps d'un prophète.

L'homme est prisonnier du seul présent, d'une connaissance partielle du passé et d'une ignorance totale de l'avenir. Ce ne sont donc qu'un esprit débarrassé de préjugés et un travail acharné qui peuvent aider à essayer de comprendre et entrevoir des événements annoncés par le prophète, alors que, pour celui-ci, ces mêmes événements étaient passés au moment où il les a couchés sur le papier. Par ailleurs, il ne faut jamais perdre de vue que pour cause d'Inquisition, il a été obligé de voiler son texte par un brouillard philologique, jonglant avec les anagrammes et les figures de grammaire.

Ainsi, abandonnant une mentalité forgée aux analyses rationnelles de l'Histoire, on pénètre dans un autre système de références que le nôtre. On est conduit à voyager à travers plusieurs siècles, et cela en un seul moment. On peut se demander si le choix de Nostradamus d'indiquer deux dates en clair – 1792 et 1999 – relève de l'arbitraire, du hasard ou plutôt d'une logique de sa vision à travers son espace-temps. Un certain nombre de jugements de valeur portés par Nostradamus sur des événements ou des personnages de l'Histoire, entre ces deux points de repère temporels, nous font découvrir que 1792 représente le début de la décadence de la civilisation occidentale et 1999 le commencement de la fin de celle-ci. Les historiens considèrent la date de 1792, fin de l'Ancien Régime et proclamation de la Ire République, comme une cassure fondamentale dans la civilisation de l'Europe, un abandon brutal des idéaux qui en furent le moteur pendant treize siècles et l'adoption de grands principes philosophico-politiques qui, des philosophes des Lumières aux penseurs du XIXe siècle – Proudhon, Saint-Simon, Marx – ont animé toutes les révolutions du XXe siècle.

L'un des symptômes les plus révélateurs de cette fin de cycle est la chute de l'Empire soviétique et l'abandon de ces utopies qui auraient dû, selon leurs promoteurs, faire le bonheur des peuples : nouvelle religion païenne qui mettait Dieu au placard, pourchassait les chrétiens sous l'accusation de superstition et déifiait l'homme dans un culte de la personnalité agrémenté de l'autocritique publique, singerie de la confession, deux méthodes identiques pour mettre l'homme sous influence !

Les autorités russes ne savent que faire aujourd'hui des encombrantes statues de Staline, dont certaines ont déjà été abattues, et de la momie de Lénine, cet homme fait dieu par le culte de la personnalité et, enfin, déchu !

Nostradamus a eu une vision si précise de la partie du bloc espace-temps décrite dans les centuries, qu'il nous dit dans la *Lettre à Henry, roy de France second* : *« Et j'aurais pu, si j'avais voulu, mettre dans chaque quatrain un calcul de temps ; mais ça n'aurait pas plu à tout le monde, et encore moins mes interprétations, à moins que Votre Majesté m'ait octroyé assez de protection pour ce faire, et ne pas donner prétexte aux calomniateurs de m'agresser. »*

Quand on constate les dénigrements, les qualificatifs moqueurs, les quolibets de toutes sortes dont Nostradamus est encore l'objet, on comprend sa prudence en un temps où régnaient l'Inquisition et un obscurantisme destructeur des idées humanistes de la Renaissance ; ce qui nous conduit à nous demander si l'obscurantisme et l'Inquisition ont disparu des sociétés modernes dites démocratiques et libérales... Homme de science, médecin d'avant-garde, physicien relativiste avant l'heure, astronome éclairé, notre prophète ne pouvait exprimer ouvertement et clairement ses découvertes, sans quoi les pouvoirs politiques et religieux n'auraient pas manqué de faire un autodafé de ses écrits, alors définitivement perdus pour la postérité.

En effectuant son « voyage » dans l'espace-temps, Nostradamus s'est rendu compte qu'il n'avait accès qu'à une infime partie de ce bloc en comparaison de ses dimensions infinies ; en effet, il écrit dans la *Lettre à Henry, roy de France second* : *« Le monde approchant d'une grande conflagration* [2001], *bien que mes supputations dans mes prophéties ne couvrent pas tout le cours du temps qui va beaucoup plus loin. »* Puis il ajoute : *« J'aurais pu faire des calculs plus approfondis et adaptés les uns aux autres, mais considérant que la censure puisse apporter quelques difficultés, j'ai donc retiré ma plume du papier pendant le calme de mes nuits. »* On retrouve encore ici cette prudence obligée dont Nostradamus est contraint de faire preuve dans ce XVIe siècle où l'on torture, où l'on brûle, où l'on écartèle à loisir pour le moindre propos jugé « hérétique ».

Dans sa *Préface à César*, Nostradamus indique les limites de la partie du bloc espace-temps à laquelle il a eu accès : « [...] *mes prophéties qui sont composées tout au long dans un discours sans ordre, limitant les lieux* [l'espace], *les temps et le terme fixé d'avance que les hommes à venir verront en connaissant les événements qui se produiront infailliblement, car malgré cette forme voilée, ces choses deviendront intelligibles* ».

À la première lecture, il semble qu'il y ait une contradiction entre l'affirmation de Nostradamus du libre arbitre de l'homme et l'inéluctabilité des événements annoncés. Cette antilogie n'est qu'apparente et ne peut être prise en compte que si l'on fait abstraction du voyage dans le bloc à quatre dimensions. En effet, si, comme le laisse penser l'hypothèse émise ici, Nostradamus a vécu comme appartenant, pour lui, au présent, les événements compris entre 1555 et 2025, alors que ces mêmes événements étaient encore à venir pour ses contemporains, on ne peut pas changer « ce qui fut ».

Nostradamus n'a donc pas vu ni décrit les folies que les hommes seraient forcés de faire par je ne sais quel déterminisme ou dieu vengeur, les transformant en pantins manipulés par le hasard ou la nécessité. Il annonce les catastrophes librement engendrées par la cupidité et la soif de puissance. Bien qu'attristante, cette constatation est rassurante, car elle fait de l'homme un être libre et, par conséquent, responsable et perfectible. Sans quoi, la paix universelle programmée ne serait pas envisageable. La raison pour laquelle sa prophétie prend son terme aux environs de l'année 2025 est qu'il n'a plus de catastrophes à dénoncer.

On retrouve là le but essentiel de la prophétie : prévenir les hommes pour qu'ils finissent par abandonner une mentalité qui les fait s'entre-tuer depuis des millénaires.

On est ainsi conduit à une hypothèse fondamentale : si les prophéties de Nostradamus étaient enfin prises en compte par ceux qui détiennent les clés des pouvoirs, les catastrophes annoncées pour les vingt prochaines années ne se produiraient pas. Cela supposerait un changement radical dans les mentalités et les rapports de forces entre puissances. Il faudrait que les ressources et les richesses de la planète soient mises en commun au service de tous les hommes. Utopie aujourd'hui, mais peut-être pas demain...

La guerre économique entre les blocs (États-Unis, Moyen-Orient, CEI, Europe, Japon, Chine continentale, Taiwan, Hong Kong et Singapour) représente le vrai danger pour la paix mondiale, car au milieu de ces géants, un nombre important de petites ou moyennes puissances jouent les trublions et allument des foyers d'incendie dont nul – hormis sans doute le prophète... – ne sait ce qui pourrait en sortir : Iran, Pakistan, Turquie, Irak, Syrie, Afghanistan, Palestine, Soudan, Israël, etc., autant de conflits larvés capables d'embraser la planète. Lorsque Nostradamus annonce un troisième conflit mondial débuté en 2001 par l'attaque des États-Unis sans déclaration de guerre – comme pour le bombardement de Pearl Harbor par les Japonais le 7 décembre 1941 – a-t-il réellement vu dans sa partie de bloc espace-temps cette agression islamique ou bien, fort de sa connaissance de l'Histoire de 1555 à nos jours, par une analyse et par le raisonnement, nous a-t-il livré une sorte de *Kriegspiel* (jeu de la guerre) imaginé afin de demander à l'homme un changement de comportement radical pour arrêter le massacre ?

Épilogue

Renovabis faciem terrae
« Tu renouvelleras la face de la terre »

« Il y a une fraternité qui ne se trouve
que de l'autre côté de la mort. »
André Malraux, *L'Espoir*

À l'automne de mon existence, je me rends compte que ma vie se sera déroulée sur une route sinueuse semée d'embûches, expériences grandement utiles qui m'ont fait progresser dans la connaissance de l'homme et, par celle-ci, de la mienne (« Connais-toi toi-même », disait Socrate).

Le rétroviseur dans lequel je regarde mon passé me montre combien toutes les aventures heureuses et malheureuses que j'ai traversées m'ont permis de croire encore en l'homme, malgré ses folies modernes plus dangereuses que jamais.

Soixante-douze années passées avec Nostradamus, *via* mon père, m'ont apporté un enrichissement personnel que nul ne pourrait imaginer. Grâce et à cause de lui, le mot humanisme a pris un sens d'une incomparable plénitude ; ce qui m'a conduit à conclure que ce concept essentiel galvaudé par les gens de pouvoir – toutes catégories confondues – finirait par triompher de la volonté de puissance, de l'égoïsme et de la férocité du temps présent.

Ma connaissance approfondie de la vie et des écrits de Nostradamus fait que je supporte difficilement les nombreux livres qui, depuis 1981, colportent des contre-vérités, des étiquettes qui trahissent ce qu'il a écrit lui-même. Ces « produits » vite « torchés » sont la plupart du temps de mauvaises compilations plus ou moins plagiaires qui se sont immiscées dans « le marché Nostradamus » pour satisfaire la soif du veau d'or ! C'est une injure à ce grand humaniste de la Renaissance que toutes ces trahisons, fariboles et vénalités, souvent répercutées par les médias, dont le temps qui passe efface en fait « des brimborions, dont l'aspect m'importune [1] » ! Deux auteurs fournissent un exemple récent d'invention gratuite [2]. Interviewé le 15 décembre 2007 par Yvan Levaï sur France Inter, l'un des deux a affirmé que Nostradamus était spécialiste en numérologie. J'ai cru rêver devant le ton péremptoire de cet « auteur », qui ajoutait que Nostradamus était astrologue, sans préciser que ce terme n'avait pas au XVIe siècle le même sens qu'aujourd'hui ; ce qui met, une fois encore, Nostradamus dans le même sac qu'une Élizabeth Teissier ou autres faiseurs de prophéties payantes ! Ces écrivains omettent de préciser que Nostradamus demande à *« tous les astrologues, les sots et les barbares de s'éloigner de lui »*. Comme disent les Italiens : *tradutore, traditore* (« traducteur, traître »).

---

1. Molière, *Les Femmes savantes*.

2. Dominique et Jérôme Nobécourt, *Le Chemin de Nostradamus* (Jean-Claude Lattès, 2007). Il n'est pas inutile de faire remarquer que le mot « Roman » est indiqué en tout petit sur la couverture, ce qui n'oblige pas à la vérité historique.

Si l'on en croit Nostradamus, la terre, en cours de destruction lente mais sûre par l'homme, sera renouvelée par le Créateur que nous appelons Dieu, Yahvé, Allah ou le Grand Architecte de l'univers.

L'homme, adorateur du « veau d'or », statue qu'il a érigée pour être glorifiée par tous les puissants de la terre, n'est plus capable de détruire cette idole qui le mène à sa perte. L'espoir est dans l'attente de son auto-destruction...

Nostradamus écrit dans sa *Lettre à Henry, roy de France second*: *« L'Ancien et le Nouveau Testament seront interdits et brûlés* [persécutions contre les juifs et les chrétiens], *après quoi l'Antéchrist* [Ben Laden] *sera le prince infernal, et pour la dernière fois* [2001-2025], *tous les pays chrétiens trembleront, et aussi à cause des infidèles* [les musulmans pour les juifs et les chrétiens] *pendant vingt-cinq ans, il y aura des guerres et des batailles encore plus ruineuses, et les villes, les villages, les châteaux et autres édifices seront brûlés, désolés ou détruits avec une grande effusion de sang de jeunes filles, de femmes mariées, de veuves violées, les nourrissons jetés contre les murs des villes qui seront ainsi heurtés et brisés ; et tant de malheurs seront provoqués par Satan, prince des Enfers, et presque toute la planète sera désorganisée et désolée.*

« Après ce temps que les hommes auront trouvé long, la face de la terre sera renouvelée par l'avènement de l'âge d'or. Dieu le Créateur ordonnera, entendant l'affliction de son peuple, que Satan soit enchaîné et jeté dans l'abîme de l'enfer, dans la profonde fosse : commencera alors entre Dieu et les hommes une paix universelle, et Satan demeurera lié pendant environ mille ans ce qui apportera une plus

grande force à la puissance ecclésiastique[1] *; et puis il sera de nouveau délié* [3797]. »

Ce passage est une redite plus saisissante du chapitre XX de l'Apocalypse de Jean (du grec qui signifie *Révélation*) : « Et j'ai vu un ange descendre du ciel avec la clé de l'abîme et une grande chaîne dans la main, et il a saisi le dragon, le serpent originel, qui est le diable et Satan, et il l'a lié pour mille ans. Et il l'a lancé dans l'abîme qu'il a fermé et scellé sur lui, pour qu'il n'égare plus les nations jusqu'à ce que les mille ans soient terminés. Après cela, il doit être délié pour un peu de temps. »

Pour aborder ce genre de discours, il faut faire abstraction dans ces textes du langage religieux et symbolique. Ainsi, on peut considérer que Satan et le diable représentent les forces de destruction de l'homme ; forces qui sont parvenues à un degré d'efficacité et, par voie de conséquence, de terreur jamais égalé.

Lorsque l'on confronte ce texte à la situation actuelle de la planète, il faudrait être aveugle pour ne pas voir les images de carnages que nous apportent chaque jour les télévisions du monde entier.

Nostradamus et son traducteur n'ont pas à faire de catastrophisme, puisque la catastrophe est quotidienne. Notre médecin provençal n'est pas un prophète de malheur, mais c'est l'homme qui est un acteur de malheur ! Et c'est justement ce que dénonce la prophétie.

Quarante-quatre années d'études et de recherches sur les centuries et bien d'autres textes prophétiques m'ont

1. Du grec *ecclesiasticos* : qui concerne l'assemblée du peuple. Ce terme doit être pris dans son sens premier : les nations seront-elles enfin unies ?

conduit à une synthèse des « messages » que contiennent ces écrits considérés par les intellectuels de tous bords comme sibyllins et incompréhensibles ; et ceux-ci n'ont pas complètement tort, car ésotéristes, parapsychologues, occultistes, astrologues et autres se sont emparés de ces textes, les ont déformés à loisir pour qu'ils collent avec leurs engagements philosophiques, politiques, religieux ou sectaires.

Pour ne prendre qu'un exemple, je citerai le prêtre qui était invité avec moi aux *Dossiers de l'écran* sur la voyance. Je lui indiquai que Nostradamus m'avait fait comprendre que l'Apocalypse concernait notre époque. Il me contredit en me disant que le livre de Jean se rapportait à la destruction du temple de Jérusalem par Titus en 70. Je lui fis remarquer qu'on ne pouvait affirmer qu'après 70, Satan avait été enchaîné jusqu'en 1070, les mille ans écoulés n'étant qu'une succession de guerres et d'horreurs de toutes sortes. Pour appuyer mon propos, je citai la victoire de Clovis sur les Alamans en 496 et celle de Guillaume le Conquérant sur le roi Harold III à Hastings en 1066.

Depuis la bataille d'Hastings, les conflits n'ont jamais cessé d'ensanglanter la terre, avec une aggravation constante qui a fait périr de plus en plus d'hommes. Alors, vivement que ce Satan-là soit au plus vite enchaîné !

En 1953, Henry Miller s'était rendu en Dordogne pour rencontrer mon père, dont il avait acheté le livre *Les Prophéties de Nostradamus expliquées et commentées* lors d'un voyage en Périgord en 1946. J'eus l'immense privilège, à dix-huit ans, de faire visiter à cet écrivain hors normes les grottes ornées ainsi que les ruines gallo-romaines de Périgueux.

En raison probablement de ses nombreuses lectures très éclectiques, Henry Miller était une sorte de visionnaire. En 1945, dans l'esprit de l'Apocalypse ou de Nostradamus, il écrivait dans *Le Cauchemar climatisé* : « Un nouveau monde est en train de naître, un nouveau type d'homme bourgeonne aujourd'hui. La grande masse de l'humanité, destinée de nos jours à souffrir plus cruellement peut-être que jamais, finit par être paralysée de peur, s'est repliée sur elle-même, ébranlée jusqu'à l'âme et n'entend, ne voit, ne sent plus rien que sous le rapport des urgences quotidiennes du corps. C'est ainsi que meurent les mondes. En premier, c'est la forme qui meurt. Mais, bien que peu s'en rendent compte lucidement, jamais la forme ne serait morte si l'on n'avait déjà tué l'esprit. » Cette réflexion de Miller est à rapprocher de la phrase faussement attribuée à Malraux : « Le XXIe siècle sera religieux ou ne sera pas » ; le mot religieux est à prendre dans le sens de rassemblement des hommes.

Le Périgourdin que je suis a toujours su que la Dordogne avait quelque chose d'unique. Cette région est pratiquement la seule au monde habitée, sans discontinuité, depuis deux cent mille ans, c'est-à-dire du paléolithique inférieur à nos jours.

Ce géant de la littérature américaine écrivit dans *Le Colosse de Maroussi* ce texte surprenant sur la Dordogne. Il avait découvert avec moi « les formidables grottes » qui lui avaient inspiré cet écrit : « [...] Coup de génie, de ma part, cette idée d'explorer la région de la Dordogne avant de me plonger dans l'illumination millénaire du monde grec. [...] Ce n'est pas plus la France que l'Autriche, ni même que l'Europe : c'est la terre d'enchantement jalousement marquée par les poètes et qu'eux seuls ont le droit de revendiquer comme leur. Ce qui se rapproche le plus du paradis, en attendant la Grèce. Le paradis des Français, mettons, par manière de concession. Un paradis qui doit remonter à des milliers et des milliers d'années. Je suis convaincu que c'était bien cela pour l'homme de Cro-Magnon, malgré le témoignage fossilisé des formidables grottes, qui indique des conditions de vie plutôt stupéfiantes et terrifiantes. Rien ne m'empêchera de croire que, si l'homme de Cro-Magnon s'installa ici, c'est qu'il était extrêmement intelligent, avec un sens de la beauté très développé. Rien ne m'empêchera de croire que le sentiment religieux avait déjà atteint en lui un haut degré de développement et qu'il a fleuri en ces lieux, alors même que l'homme vivait comme une bête au fond des cavernes. Rien ne m'empêchera de croire que cette grande et pacifique région de France est destinée à demeurer éternellement un lieu sacré pour l'homme et que, lorsque la grand-ville aura fini d'exterminer les poètes, leurs successeurs trouveront ici refuge et berceau. Cette visite à la Dordogne fut pour moi, je le répète, d'une importance capitale : il m'en reste un espoir pour l'avenir de l'espèce, et même de notre planète. Il se peut qu'un jour la France cesse d'exister, mais la Dordogne survivra, tout comme les rêves, dont se nourrit l'âme humaine. »

Il serait, sans doute, iconoclaste de détruire cette grossière et simiesque représentation de l'*Homo sapiens*, aux Eyzies, qui fait de notre ancêtre un gorille amélioré, mais qui est très loin de l'image qu'en donne Henry Miller. Cet hominidé-là aurait été bien incapable de peindre les fresques de Lascaux et autres grottes ornées. Mais il fallait, à tout prix, faire descendre l'homme du singe...

À moins que l'homme ne soit qu'*un singe dénaturé*, comme le qualifie Jean Rostand !

En conclusion, pourquoi attendre 2026 pour établir cette paix universelle annoncée et à laquelle aspirent tous les peuples de la terre qui sont victimes du veau d'or et de la folie de puissance de ceux qui gouvernent les nations ? La balle est dans le camp des Maîtres du monde...

Et que les thuriféraires de la fin du monde aillent... au diable !

ANNEXES

Une curieuse aventure éditoriale

Des événements annoncés « avant coup » –
De drôles d'aventures médiatiques

C'est grâce à mon ami Michel Oliver que le résultat des dix-sept premières années de mon travail sur les prophéties de Nostradamus a pu être publié. C'est pourquoi je lui ai demandé ce qu'il en pensait. Il m'a envoyé la lettre suivante :

Quand un ami me parla de Jean-Charles, de ses travaux sur Nostradamus, de ses recherches sans d'autre intérêt que la joie de la découverte, de la mise en place d'une pièce dans l'énorme puzzle des centuries, j'ai bien sûr été intéressé par son projet. Lorsqu'on m'a précisé que, pour traduire tous ces quatrains totalement obscurs, Jean-Charles lisait le latin dans le texte, j'avoue avoir refusé de rencontrer un tel personnage qui heurtait mon sens de la justice.

Lors de mon essai raté au baccalauréat j'avais eu zéro en version latine.

Je prétends encore aujourd'hui que, bien que n'ayant aucun rapport avec l'original, ma traduction possédait un souffle poétique qui aurait mérité les félicitations du correcteur.

Et puis le sésame fut prononcé : « Il a fait ses études chez les jésuites à Sarlat. »

Lors de mon incorporation militaire, je me retrouvai dans un régiment disciplinaire. Alors que tous les appelés pleuraient en appelant leur mère, j'étais comme un poisson dans l'eau.

Après Sarlat, les brimades imbéciles des petits gradés me semblaient délicieusement amicales.

J'ai donc voulu rencontrer cet ancien élève afin de voir comment il s'était sorti de l'emprise des bons Pères.

Car la règle est simple : pour devenir un homme accompli, il faut tuer les Pères.

La surprise fut bonne.

Je rencontrai un homme habité par un projet fou : traduire Nostradamus sans dévier d'un iota du texte original. Mais pour cela il fallait pénétrer l'esprit de Nostradamus, comprendre ses intentions et redonner aux mots leur sens caché.

Il est donc parti d'un principe simple qu'un père ne peut rien cacher à son fils. Car, vous le lirez, Jean-Charles est le fils spirituel de Nostradamus et, dit-il, la *Lettre à César* lui était destinée à travers les siècles [1].

Chaque fois que Jean-Charles « montait » à Paris, nous déjeunions ensemble et il me racontait ses nouvelles découvertes. Puis vint le fameux jour : « Michel, un quatrain vient de se mettre en place, l'or va exploser, achète de l'or. » Il fut tellement convaincant que, bien que l'or n'ait pas fluctué depuis des décennies, je décidai de l'écouter, vendis les actions que je possédais pour acheter dix lingots. Quelques semaines après, ce fut l'explosion, l'or tripla de valeur en quelques jours. Et c'est là que se pose le vrai problème. Est-ce Nostradamus qui a prévu la flambée de l'or à ce moment-là ou est-ce Jean-Charles qui a interprété ce qui n'était pas écrit ?

Lorsqu'un patient entre dans leur bureau, les grands médecins savent exactement quelle est la maladie dont il souffre. Les signes cliniques ne suffisent pas, il doit s'y ajouter une certaine forme de voyance.

Jean-Charles a beau dire qu'il se contente de traduire le texte au plus près, je crois que sa contribution, dans ses succès comme dans ses erreurs, est importante.

1. Voir mon horoscope en annexe.

Après l'aventure de l'or, je n'ai eu de cesse que le livre de Jean-Charles soit imprimé.

Que j'aie eu tort ou raison n'est pas le problème.

Comme lorsque vous faites un mauvais rêve et que, réveillé en sursaut, vous remerciez que ce ne soit qu'un rêve, voilà la seule façon de lire les Prophéties.

Quand Jean-Charles me téléphone pour me préciser les signes précurseurs de la future guerre planétaire, je file dans ma cave, je choisis une bonne bouteille et, après l'avoir ouverte avec précaution, je m'en verse un grand verre en prononçant la phrase magique : « Encore une que le grand Roi d'Effrayeur n'aura pas. » La prophétie n'est qu'un avertissement, pas une fatalité.

Lorsque vous recevez un grand coup de poing dans la figure, ça fait très, très mal. Si la personne vous dit : « Attention, je vais t'envoyer un grand coup de poing » et que vous vous protégiez avec vos mains, ça fera bien moins mal.

Et si le coup de poing n'arrive pas, ça sera encore mieux.

Voilà tout ce que je nous souhaite : que le coup de poing n'arrive jamais.

À votre santé !

Michel Oliver

Pour faire mes recherches sur ma passion, je me levais à 4 heures du matin, après quoi, vers 8 h 30, je prenais la route pour assumer mon métier de cadre de l'industrie pharmaceutique.

Tous les mois, j'allais à Paris en réunion. Le soir, je retrouvais mon camarade des jésuites de Sarlat, Michel Oliver, au *Bistrot de Paris* où j'avais table ouverte. Je lui portais mes dernières fiches concernant de nouveaux quatrains que j'avais « décodés ». Il était passionné par mon travail au point qu'il me dit qu'il fallait le publier. Je lui disais que Nostradamus n'intéressait que lui et moi et que personne n'en parlait. C'était si vrai qu'en 1980, lorsque j'ai proposé mon travail à plusieurs éditeurs, sans même regarder ce que j'avais fait, ils me disaient : « Monsieur de Fontbrune, il y a actuellement trois livres sur Nostradamus, aucun ne se vend ; Nostradamus n'est pas vendeur ! C'est un quatrième de trop ! »

En avril 1978, mon très cher ami – mon *dimidium animæ meæ* [1] – avait organisé un repas dans le salon privé du *Bistrot de Paris*, au 1er étage, pour me faire connaître quelques-unes de ses relations très parisiennes. Participaient à cette soirée mémorable Christiane Collange, l'éditeur Tchou, Jean Lanzi qui animait l'émission *Delta* sur Antenne 2, le docteur Halpern. Après avoir expliqué quelques quatrains très précis se rapportant à Napoléon, Hitler ou Franco, au milieu du repas, je fus interpellé par Christiane Collange :

« Le passé, c'est très bien, mais on aimerait savoir ce qui va se passer.

– D'après Nostradamus, répondis-je, le shah d'Iran va sauter.

– C'est impossible, rétorqua-t-elle. L'Iran a la troisième armée du monde, le shah est *le gendarme du Golfe* ; jamais les Américains ne l'abandonneront. Si c'est ça, Nostradamus, vous pouvez rentrer tranquille dans votre Provence ! »

Tchou qui était à table à ma droite en rajouta en me disant que je rêvais avec Nostradamus.

Le 18 juin, soit un peu plus de deux mois après ce repas, marque ma première découverte dans un quatrain d'un événement « avant coup » : l'ayatollah Khomeyni, depuis son exil en Irak, appelle à renverser le shah. Le

1. « La moitié de mon âme » (Virgile).

8 septembre, que les médias vont appeler le « vendredi noir », l'armée fait un millier de victimes parmi les manifestants hostiles au shah et la loi martiale est instaurée. Le 16 janvier 1979, le shah s'exile en Égypte ; « le rêve nostradamique de Fontbrune » est devenu réalité historique !

Voici le quatrain 70 de la première centurie qui m'avait permis d'annoncer cet événement :

Pluie, faim, guerre en Perse non cessée.
La foy trop grande trahira le monarque :
Par la finie en Gaule commencée,
Secret augure pourà un être parqué.

La révolution (les mots eau, *pluie*, déluge sont pris dans ce sens), la famine et la guerre ne cesseront pas en Iran. Le fanatisme religieux trahira le shah, dont la fin aura commencé en France à cause d'un prophète (*augur* en latin) parqué dans un lieu retiré (*secretum* : en latin, substantif : lieu retiré) : Neauphle-le-Château où l'ayatollah Khomeyni a été hébergé par le gouvernement français.

Le 11 décembre 1978, *Le Point* rapportait la déclaration de l'ayatollah Khomeyni : « "N'hésitez pas à *verser votre sang pour protéger l'Islam* (foi trop grande) et renverser la tyrannie", avait demandé de sa *retraite* de Neauphle-le-Château *le prophète* exilé des chiites. » Presque ma traduction !

Ce quatrain contenait donc les mots mêmes que l'on allait lire dans la presse plusieurs siècles plus tard.

Cette annonce fut ma première découverte dans les centuries d'un événement « avant coup ». Bien d'autres suivront et seront publiées en 1980. Ce qui est le plus souvent reproché aux exégètes de Nostradamus, c'est d'essayer de trouver, en torturant les textes, l'événement qui vient de se produire, ce qu'ils n'ont pas manqué de faire après le 11 septembre 2001.

L'année 1980 va représenter un tournant capital dans mon existence. Après des refus essuyés chez plusieurs éditeurs, Michel Oliver, mon fidèle sponsor, me prend rendez-vous avec la directrice littéraire de Plon. Je me présente donc un soir à 18 heures rue Garancière, au siège des Presses de la Cité. L'amie de Michel m'accueille et me conduit dans un bureau où se trouve Jean-Paul Bertrand, comptable aux Presses et secondairement chargé de gérer les éditions du Rocher dont le siège est à Monaco. Cette toute petite maison avait une vingtaine de titres d'ésotérisme. Comme je l'avais dit à Michel Oliver, mon sujet et le travail que j'y avais consacré n'intéressaient que lui et moi ; c'est pourquoi j'étais relégué dans la plus petite société du groupe des Presses, mais ainsi on faisait plaisir à Michel Oliver et on gardait sa clientèle qui faisait de juteux tirages ! Ce sont Philippe de Baleine et Christian Bourgois qui prennent la décision d'éditer mon travail.

Je me trouve donc devant un comptable pour expliquer mon sujet que les médias et l'opinion publique rangent à tort dans l'irrationnel.

Quelques jours plus tard, le 5 juin 1980, je reçois un contrat d'édition que je signe sans discuter quoi que ce soit, tant j'étais heureux de voir mon travail ainsi concrétisé. Les conditions *a minima* de ce contrat étaient adaptées à un auteur inconnu et à un sujet non vendeur... En revanche, en septembre 1981, les actions des

Presses de la Cité, grâce à Nostradamus et à son traducteur, passaient de 600 à 2 000 francs. Malheureusement, mes droits n'ont pas été payés en action !

Le 9 octobre 1980, « le livre » au tirage modeste de 6 000 exemplaires sort de l'imprimerie. Une non moins confidentielle mise en place en librairie de 2 000 exemplaires est faite le 29, jour de mon anniversaire.

À coup de retirages de 2 000 exemplaires, le livre va atteindre 35 000 ventes en juin 1981, sans la moindre publicité ni médias. Nostradamus n'intéresse toujours personne « officiellement ».

Le 10 mai 1981, la « rose » arrive au pouvoir et, trois jours après, Jean-Paul II est victime d'un attentat place Saint-Pierre à Rome, comme imprimé en 1980. Les médias vont alors s'emparer de mon livre. Après mon invitation à participer à l'émission *Apostrophes*, enregistrée le 16 juin et diffusée le 20 août 1981 (*Apostrophes* d'été), Marie-Thérèse de Brosses, rédactrice des documents *Paris Match*, rencontre au restaurant le sportif et journaliste Guy Lagorce et lui demande s'il a un sujet à lui proposer pour ses documents *Paris Match* d'été. Celui-ci connaît très bien mon travail par notre ami commun Michel Oliver. Curieuse coïncidence : mon père était le médecin de la famille Lagorce et donc de Guy, en 1929 à La Bachellerie en Dordogne. Il propose à Marie-Thérèse de Brosses de prendre contact avec moi. C'est ainsi que le document de cette journaliste sur mon livre *Nostradamus, historien et prophète* va être publié début juillet ; les ventes vont alors exploser. Pour une fois, le texte de Nostradamus permettait d'annoncer, « avant coup », des événements précis.

Le 30 avril, dix jours avant l'élection de François Mitterrand, mon ami Richard Cohen, comme moi directeur régional d'un autre laboratoire pharmaceutique, m'avait organisé avec l'aide de la Jeune Chambre économique du Cannet-Rocheville, dont il était président, une conférence publique. C'était la première, car, jusque-là, je n'avais fait que quelques causeries pour des groupes privés ou d'amis.

Après mon exposé, un débat fut ouvert. Dans mon exposé, j'avais annoncé l'élection de François Mitterrand. Rachèle Picard, l'astrologue de RMC, qui se trouvait au fond de la salle, se leva et m'interpella :

« Monsieur de Fontbrune, Nostradamus ou vous-même vous vous trompez : la configuration astrale actuelle de Valéry Giscard d'Estaing est excellente, alors que celle de François Mitterrand est mauvaise.

– Tout d'abord, madame, répondis-je, l'un d'entre nous aura tort ou raison dans dix jours. Ensuite, comme je l'ai signalé au début de mon propos, Nostradamus écrit "que tous les astrologues, les sots et les barbares s'éloignent de mon œuvre", ce qui veut dire que l'histoire de l'humanité n'est pas inscrite dans les astres et que, par voie de conséquence, aucun astrologue ne peut l'y trouver. »

Sondages et astrologues étaient contre Nostradamus. C'est pourquoi, à l'issue de cette conférence, j'ai dû signer moins de dix livres pour environ deux cents personnes, dont la majorité me prit pour un gentil farceur... Parmi ces dix auditeurs, j'ai l'immense joie de citer Annie Cordy qui n'avait pas pu venir m'écouter, mais qui avait envoyé une de ses amies pour se faire dédicacer le livre.

J'ai eu la chance de rencontrer plus tard cette merveilleuse femme avec laquelle je partage une passion pour la vie et pour tout ce qu'elle porte en elle de bonheur pour l'homme, à condition de se poser la question avec Shakespeare dans *Hamlet*: « Qu'est-ce que l'homme, si le bien suprême, l'aubaine de sa vie est uniquement de dormir et de manger? Une bête, rien de plus. Certes, celui qui nous a faits avec cette vaste intelligence, avec ce regard *dans le passé et dans l'avenir*, [l'espace-temps] ne nous a pas donné cette capacité, cette raison divine, pour qu'elles moisissent en nous inactives. » Comment considérer cette pensée au regard de notre société de consommation?

L'année 1981 se termine par un voyage au Canada, où je suis l'un des cinq invités d'honneur du Salon du livre de Montréal. L'un des invités de marque est le Belge Joseph Hanse, auteur du *Dictionnaire des difficultés grammaticales et lexicologiques*. J'eus avec ce grand érudit des échanges fort riches.

De retour en France, un événement restera unique dans l'histoire de l'Olympia. Je suis invité à faire une conférence dans cette salle mythique normalement réservée au show-biz: réception chaleureuse par la fille de Bruno Coquatrix dans une loge fleurie d'un superbe bouquet.

Me voilà donc seul sur cette scène devant cette salle impressionnante. Un spot est braqué sur la petite table devant laquelle je suis assis. Sur un grand écran, à ma droite, je vais faire défiler des diapositives pour illustrer mon propos.

Stressé par cette immense salle plongée dans le noir, coupé des gens par le faisceau qui m'inonde d'une violente lumière, le trac m'envahit. Mon sujet, que je possède grâce à une solide mémoire, va être ma bouée de sauvetage.

Mon exposé terminé, l'acteur Bernard-Pierre Donnadieu, assis, jambes pendantes au-dessus de la fosse d'orchestre, récupère les questions que les gens ont posées sur un petit formulaire qu'on a distribué.

Cet événement va me valoir ce titre amusant dans *VSD* : « Nostradamus chante à l'Olympia ! »

Mieux ! Le 15 janvier 1982, Michel Drucker m'invite à sa belle émission *Champs-Élysées*. Participent à cette émission Enrico Macias, Carole Laure, Francis Perrin et Annie Girardot. Michel Drucker a demandé aux trois premiers de me poser une question sur mon livre. Sur une musiquette improvisée, Enrico Macias chante : « On annonce la fin du monde... » Je lui réponds : « Je vous mets au défi de trouver dans mon livre l'annonce de la fin du monde, puisque Nostradamus termine sa prophétie par le retour de l'âge d'or et de la paix universelle. »

Notre cher Enrico était influencé par les profiteurs qui, depuis septembre 1981, se ruaient sur le « marché Nostradamus » assimilé au marché de la peur !

Une autre invitation m'apporta beaucoup de joie et d'émotion. Alain Decaux, André Castelot et Jean-François Chiappe m'invitèrent à leur *Tribune de l'Histoire* sur France Inter.

Avant de passer à l'antenne, André Castelot m'apprend qu'en 1939, alors jeune journaliste, il avait interviewé mon père pour son livre *Les Prophéties de Maître Michel Nostradamus, expliquées et commentées* ; ce qui, pour moi, établissait une continuité entre mon père et moi. Ces trois historiens avaient préparé une illustration sonore remarquable sur la vie de Nostradamus.

Un peu plus tard, Jacques Chancel me convie à participer à son émission *Parenthèses.* C'est Juliette Gréco, qui a droit à un invité, qui m'a choisi. La compétence et la courtoisie de ce grand journaliste me donnent l'occasion de démystifier les contrevérités que colportent astrologues, ésotéristes, parapsychologues et autre faiseurs de miracles.

J'eus également la grand plaisir de rencontrer sur Europe 1, invité par Michel Drucker, Dalida qui, avec son accent inimitable, me lança hors antenne : « Monsieur de Fontbrune, votre livre, quelle merveille ! »

Ma participation à deux *Dossiers de l'écran* me laisse de très bons souvenirs. L'un portait sur la voyance et était animé par Alain Jérôme et l'autre sur Catherine de Médicis avec Paul Amar.

Les 30 et 31 janvier 1986, le colloque « Science-Frontières » se tenait dans les Alpes à Puy-Saint-Vincent. Cette manifestation avait été organisée par mon ami Jean-Yves Casgha et par Jacques Pradel au sujet de la comète de Halley dont le dernier passage remontait à 1910. Elle réunissait des participants d'horizons très différents, des scientifiques de haut niveau : Jean Audouze, directeur de l'observatoire de Meudon, Jean-Claude Ribes, directeur de l'observatoire de Lyon et Jean-Louis Heudier, directeur du CERGA à Grasse, et un spécialiste de la kabbale, A.D. Grad. On m'avait fait venir pour savoir si Nostradamus avait prévu quelques événements pendant ce retour de la plus célèbre des comètes.

Lors de l'assemblée générale, dans une salle où étaient assises environ trois cents personnes, Jean-Yves Casgha me demanda :

« Jean-Charles, veux-tu nous dire si l'on doit s'attendre à quelque chose de particulier dans les mois qui viennent, quand la comète va être visible à l'œil nu ?

– D'après Nostradamus, répondis-je, il devrait se produire deux événements annoncés dans un quatrain, lorsque la comète sera à égale distance de Saturne et de Mars sur la carte du ciel, c'est-à-dire en avril prochain. Le premier serait un acte de guerre par incursion et le deuxième un incendie qui toucherait un grand lieu.

– Peux-tu nous donner le quatrain en question ? »

Je cite :

L'an que Saturne & Mars égaux combust,
L'air fort séché, longue trajection,
Par feux secrets grand lieu adust,
Peu pluie, vent chaud, guerre incursion.

J'explique que *combust* en ancien français signifie briller pour un astre et que *adust* vient du latin *adustus* qui veut dire brûlé. Je donne donc ma traduction de ce texte : l'année où la comète *(longue trajection)* sera à égale distance de Saturne et de Mars, l'air sera fort séché et un grand lieu brûlera par des feux gardés secrets ; il y aura peu de pluie et un vent chaud et, en outre, un acte de guerre par incursion. Je donne les précisions suivantes :

« On sait que la comète de Halley sera à égale distance de Saturne et de Mars sur la carte du ciel au mois d'avril prochain. Nostradamus dit que l'air sera fort séché avec un vent chaud ; je ne peux pas dire aujourd'hui ce que cela signifie. Nous avons deux petits mois à attendre pour savoir si ma traduction et mon interprétation de ce quatrain sont exactes. »

Jean-Claude Ribes se lève et me lance :

« Monsieur de Fontbrune, il y a des incendies toutes les semaines, si c'est ça Nostradamus, ça n'est pas sérieux !

– Non, cher monsieur, répliquai-je, il ne s'agit pas de l'incendie d'un immeuble ou d'un supermarché mais d'un grand lieu, c'est-à-dire qu'il touchera une grande surface. »

Le 15 avril, dix-huit bombardiers américains F-111, partis de Grande-Bretagne, bombardent le palais du colonel Kadhafi : acte de guerre par incursion ! Onze jours plus tard, le 26 avril, la centrale nucléaire russe de Tchernobyl s'embrase et lance sur une grande partie de l'Europe jusqu'à la Bretagne un vent chargé de becquerels. Nostradamus utilise le vocabulaire de son époque pour décrire ce qu'il voit. Quant aux feux secrets, on ne connaît toujours pas exactement les tenants et les aboutissants de cette première grande catastrophe nucléaire civile.

Le lendemain, 27 avril, Jean-Yves Casgha me téléphone :

« Jean-Charles, te rappelles-tu ce que tu nous as dit à Puy-Saint-Vincent ?

– Bien sûr ! »

J'ajoute :

« Les vrais prophètes ne sont jamais crus. Hélas ! Déesse RAISON, priez pour nous ! »

Cette manifestation me donna l'occasion d'avoir un échange riche et instructif avec le spécialise de la kabbale

A.D. Grad, homme de grande culture. Comme de nombreux livres sur Nostradamus ont affirmé que celui-ci avait puisé ses prophéties dans la kabbale, je demandai à cet érudit ce qu'il en pensait. Il me répondit qu'il avait étudié cette question et qu'il n'avait trouvé aucune trace de kabbale dans les centuries.

En 1986, j'avais créé avec Jean-Max Jalin et sa troupe de théâtre du Talagard la première reconstitution historique de la visite à Nostradamus que firent Catherine de Médicis et son fils le roi Charles IX à Salon-de-Provence.

Pour illustrer cette étape du tour de France du cortège royal, j'avais écrit une saynète en alexandrins. Léon Zitrone, transformé pour les besoins de l'époque en journaliste du XVIe siècle, fit le commentaire sur scène.

Je publie ce texte, parce que, en 1986, je mettais dans la bouche de Nostradamus des événements qui, depuis, se sont avérés. J'ai mis en italique les paroles de Nostradamus qui portent sur des faits postérieurs à 1986.

CHARLES IX, CATHERINE DE MÉDICIS ET HENRI DE NAVARRE À SALON-DE-CRAU EN 1564

Léon Zitrone

Mesdames et messieurs, lorsque les consuls ont remis tout à l'heure les clés de la ville au roi et à la reine, ils les ont conviés à un repas avec Nostradamus. Mais il semble que celui-ci ait encore quelques difficultés avec ses concitoyens. D'ailleurs, n'a-t-il pas écrit à leur sujet dans son Traité des confitures *: « Ici où je fais ma résidence je suis logé entre bêtes brutes et gens barbares, ennemis mortels des bonnes lettres et de mémorable érudition. »*

Catherine de Médicis
Si j'ai tenu, Messire, à vous rendre visite,
C'est parce que j'ai su que l'on vous discrédite,
Qu'insultes et quolibets sont lancés contre vous,
Et qu'en votre cité vous faites des jaloux.

Nostradamus
Dans la lettre à César, j'avais déjà prédit
Que je serais souvent raillé pour mes écrits,
Et je dois, aujourd'hui, fermement ajouter
Qu'un long temps passera, avant que vos sujets
Cessent de m'agresser et reconnaissent enfin
Que mes visions divines ont percé leur destin.
Ici même, à Salon, nous serons vous et moi,
Honorés par le peuple en liesse et en émoi.

Catherine de Médicis
Mais c'est fait aujourd'hui, ô cher apothicaire,
Et cette prophétie était facile à faire.

Nostradamus
Ce n'est pas d'aujourd'hui que j'ai voulu parler,
Mais d'un temps très lointain qu'on ne peut dévoiler,
Où mes concitoyens avec leurs échevins
Nous ressusciterons dans le faste et l'entrain.

Catherine de Médicis
Depuis qu'il y a huit ans vous vîntes à la Cour,
J'ai lu et j'ai relu le sibyllin discours
Que dans vos centuries vous avez consigné.
Vous n'aviez, en ce temps, sans ambages annoncé
Que mon royal époux périrait dans la lice,
Qu'il connaîtrait alors un horrible supplice
Et que trois de mes fils porteraient la couronne.

Léon Zitrone
Il y a cinq ans déjà, mesdames et messieurs,
Que le roi Henri II s'est fait crever les yeux
Par la lance brisée du sieur Montgomery,
Et, onze jours plus tard, le roi avait péri.

Le Génie
Le Lyon jeune le vieux surmontera
Dans champ belique par singulier duel ;
Dans cage d'or les yeux lui crèvera,
Deux classes une, puis mourir mort cruelle.

Catherine de Médicis
D'Alexandre ou d'Hercule qui montera sur le trône ?

Nostradamus
Alexandre, madame.

Catherine de Médicis
Mais pourquoi pas Hercule,
Qui doit lui succéder, comme la loi le stipule ?

Nostradamus
Avant lui il sera emporté par la mort.

Catherine de Médicis
Quelle autre succession nous réserve le sort ?

Nostradamus
Le petit de Bourbon qu'ici vous accompagne,
Venu de la Navarre, quittera ses montagnes,
Et après maints combats d'horreurs et d'effroi,
Conquérant le royaume, à Chartres sera roi.

Charles IX
Prédire qu'un huguenot pourrait un jour régner
A dans votre discours de quoi nous étonner.
Ma mère autant que moi et tous nos descendants,
N'accepteront jamais qu'un rebelle protestant
Vienne un jour gouverner la France catholique.

Nostradamus
Cet enfant, Majesté, aujourd'hui hérétique,
Entrera pour régner dans le sein de l'Église.
Ligueurs et huguenots que leur foi fanatise,
Oublieront pour un temps toutes leurs dissensions,
Et Henri mettra fin aux guerres de religions
Qui déchirent le pays, ensanglantent la foi,
Recrucifient le Christ.

Charles IX
Ce propos me déçoit,
Car ce que vous nous dites est en contradiction
Avec de Ruggieri les dernières prédictions,
Qu'il a faites à ma mère sur sa postérité,
À laquelle il promet force et félicité.

Catherine de Médicis
Je dois vous avouer qu'en tant que visionnaire,
Vos succès sont nombreux et plus spectaculaires
Que ceux de mon ami astrologue italien.
Dites-nous de vous deux quel sera le destin.

Nostradamus
Le terme de mes jours chaque jour se rapproche,
Et dans moins de deux ans je quitterai mes proches,
Alors que Ruggieri vivra longtemps encore ;
Mais quelle horrible fin que pour lui je déplore,
Connaîtra votre ami.

Catherine de Médicis
Messire de Nostredame,
Son trépas selon vous se ferait dans le drame ?

Nostradamus
Oui, votre Majesté. Encore un peu de temps,
Je serai trouvé mort près du lit et du banc,
Alors que votre ami verra son existence
S'arrêter brusquement dans d'horribles souffrances.

Le Génie
De retour d'ambassade don du roi mis au lieu,
Plus n'en fera, sera allé à Dieu,
Parents plus proches, amis, frères de sang,
Trouvé tout mort près du lit et du banc.

Léon Zitrone
Mesdames et messieurs, Cosimo Ruggieri,
En l'an mil six cent quinze, au terme de sa vie,
Chassant du Capucin le religieux secours,
Traîné par un cheval, vivra son dernier jour.

Catherine de Médicis
Pourquoi n'annoncez-vous qu'horreurs et catastrophes ?
Que ce soit dans vos dires ou dans toutes vos strophes ?
Quelle est donc la raison qui vous pousse à prédire
Les crimes des humains ?

Nostradamus
J'ai le devoir d'écrire
Aux générations qui nous succéderont
Les monstruosités qu'elles accumuleront.
Un jour lointain viendra, où le génie de l'homme
Percera les secrets du monde et de l'atome.

Il mettra en péril et les hommes et la terre,
Usant de la science à des fins meurtrières.
Lorsqu'il aura compris le sens de mon message,
Cesseront les combats, l'horreur et le carnage.
Régnera sur la terre la paix universelle
Qui verra disparaître assassins et rebelles.

Charles IX
Pourquoi dire cela dans un langage abscons
Et ne pas être clair ?

Nostradamus
Lorsque la traduction
De mes vers sera faite, l'homme enfin comprendra
Qu'il n'a pas d'autre issue que de changer d'état.

Catherine de Médicis
Dans la lettre à Henri vous indiquez l'année
Mil sept cent nonant'deux.

Nostradamus
Non. Notre destinée
Que j'ai décrite en vers ira beaucoup plus loin
Dans la guerre et l'horreur. Le ciel sera témoin
D'un grand bouleversement dans l'histoire de nos rois,
Et bon nombre de gens abjureront leur foi.

Catherine de Médicis
Et que dire en ces temps de l'Empire ottoman ?
Il y a deux ans passés, l'Autriche et le sultan
Ont signé une paix. Sera-t-elle durable ?
En Méditerranée les raids épouvantables
Des voiles barbaresques cesseront-ils bientôt ?
Parviendrons-nous enfin à libérer les flots ?

Nostradamus
Voilà bientôt huit siècles écoulés dans la guerre.
Les chrétiens sont passés au fil des cimeterres,
Et nos preux chevaliers embrochent à merci
Les fils de Mahomet au nom de Jésus-Christ.
Écoutez, Majesté, mes dires prophétiques.
Je vois dans bien longtemps un grand prince libyque
Unir les musulmans contre la chrétienté.
Par un mage de Perse[1] *il sera secondé,*
Et dans tout l'Occident ils lanceront leurs sbires,
Et sèmeront l'horreur dans un furieux délire.
Ils ensanglanteront la terre de Phénicie[2],
Réalisant ainsi la sombre prophétie
Qu'aujourd'hui je vous livre et que j'ai consignée
Dans plusieurs centuries.

Le Génie
Prince libynique puissant en Occident,
Français d'Arabes viendra tant enflammer.
Savant aux lettres sera condescendant,
La langue arabe en français translater.
De l'Orient viendra le cœur Punique
Fâcher Hadrie et les hoirs Romulides,
Accompagné de la classe libyque,
Tremblez Mellites et proches îles vides.

Charles IX
Serait-ce pour les rois qui viendront après moi ?

1. Le président de l'Iran (écrit en 1986 !).
2. Le Liban.

Nostradamus
Non. *Des fils de l'Islam la fanatique foi*
Mettra dans l'impuissance et la consternation
La France et de l'Europe la plupart des nations.
Mes ancêtres hébreux ont dans leur livre saint,
Annoncé pour leurs fils un semblable destin.
Descendants d'Abraham, Moïse et Jésus-Christ
Par les fils d'Ismaël seront tous deux maudits,
Jusqu'au jour où viendra le fils de perdition.

Catherine de Médicis
Pouvez-vous nous donner quelque autre précision ?
Serait-ce l'Antéchrist ?

Nostradamus
Ce grand roi d'effrayeur
En singeant Jésus-Christ, viendra comme un voleur,
Air, terre, mer réunis pour conquérir le monde.
Ce personnage affreux, satanique et immonde,
S'élancera des steppes du fin fond de l'Asie
Et gagnera l'Europe jusqu'en Andalousie,
Sèmera la terreur.

Catherine de Médicis
Mais encore ?

Charles IX
Pouvez-vous
Nous apprendre en quel temps nous serons sous son joug ?

Nostradamus
En la première année du siècle vingt et un[1].

1. 2001 : attentat du World Trade Center (date indiquée en 1986 !).

Le Génie
L'an mil neuf cent nonante neuf sept mois,
Du ciel viendra un grand roi d'effrayeur,
Ressusciter le grand roi d'Angolmois,
Avant après Mars régner par bonheur.

Charles IX
Ce sombre événement est pour nous bien lointain,
Qu'adviendra-t-il alors de notre mère l'Église,
Qu'aujourd'hui Huguenots agressent et martyrisent ?

Nostradamus
Le fils de perdition la persécutera.
Jusqu'en ses fondements il la bousculera,
Et, comme fit Néron à la Ville éternelle,
Il la consumera. L'Histoire se renouvelle
Et ses dures leçons oubliées des humains,
Ne serviront à rien pour le peuple romain.

Catherine de Médicis
Vous nous annoncez donc la destruction de Rome,
Comme fut autrefois le destin de Sodome.

Charles IX
Mais c'est la fin du monde ici que vous voyez !
Mon Dieu ! Quelle épouvante !

Nostradamus
Non. Votre Majesté.
Depuis des millénaires les sociétés trépassent.
L'annonce de leur fin se montre inefficace.
Depuis qu'à Babylone Israël fut captif,
Jérémie fut banni par tout le peuple juif,
Pour lui avoir prédit le si funeste sort,
Qu'allait lui faire subir Nabuchodonosor.

Catherine de Médicis
Mais, si tout est écrit, l'homme est irresponsable.
Ses actes étant fixés, ils sont inéluctables.

Nostradamus
C'est lui qui fait l'Histoire et non les conjonctions
D'étoiles et de planètes. Guerres et révolutions
Dépendent de ses choix et de ses bas instincts,
Et d'un démon sadique il n'est pas le pantin.
Dieu l'a créé sur terre avec son libre arbitre,
Comme je l'ai écrit dans ma première épître.
Et, si dans mes quatrains j'annonce ses malheurs,
Pour qu'un jour il connaisse la fin de ses douleurs,
C'est parce qu'averti de ses fureurs guerrières,
En paix universelle changera ses misères.

Charles IX
Faudra-t-il patienter plus de quatre cents ans ?
La terre sombrera-t-elle sous le joug des tyrans ?

Catherine de Médicis
Rassurez-nous, messire.

Nostradamus
Je le voudrais, madame,
Mais les conflits menacent et les complots se trament ;
Car dans mes centuries j'ai décrit maints guerriers,
Monstrueux sanguinaires, cruels aventuriers,
Qui par soif du pouvoir sèmeront la terreur.
En France, après nos rois, viendra un empereur
Qui dressera contre elle la plupart des nations.
Car jusques en Russie ses guerrières incursions
Feront à ses soldats un tombeau effroyable.

Léon Zitrone
Dans près de trois cents ans, criant à l'univers
Les châtiments vécus, Hugo dira ces vers :
« Il neigeait, on était vaincu par sa conquête.
Pour la première fois l'aigle baissait la tête.
Sombres jours ! L'Empereur revenait lentement,
Laissant derrière lui brûler Moscou fumant. »

Nostradamus
Mais de tous les tyrans le plus épouvantable
Viendra en Germanie. Il persécutera
Le sang de mes ancêtres. Il exterminera
Femmes, enfants et vieillards, sans respect de la vie,
De Berlin à Paris, de Rome à Varsovie.
Pleurs et désolation seront sur son passage.
Il voudra les nations réduire en esclavage.

Le Génie
En Germanie naîtront diverses sectes
S'approchant fort de l'heureux paganisme.
Le cœur captif et petites recettes
Feront retour à payer la vraie dîme.

Nostradamus
Puis le rouge éteindra le noir de ses enseignes
Et, en le combattant, mettra fin à son règne.
Le tyran noir déchu, le rouge fera pire,
Et jusqu'en Occident étendra son empire.

Catherine de Médicis
Les guerres qui en ces jours ravagent le royaume
N'auront donc pas de fin ?

Charles IX
Le désespoir de l'homme
Est de votre propos la seule issue possible.
Pourquoi lui annoncer une fin si terrible?

Nostradamus
Non. Votre Majesté. J'ai dit et le répète
Que le calme viendra, après que la tempête
Aura secoué le monde. L'homme alors connaîtra
Le paradis sur terre et en paix il vivra.

Catherine de Médicis
Vous nous avez prédit guerres et révolutions,
Qui frapperont longtemps bien des générations,
Nous n'avons pas pris garde à Henri de Navarre.
Auriez-vous dû tenir des propos si barbares
Devant cet innocent?

Charles IX
Mon cher petit cousin
A-t-il peur des visions de notre bon devin?

Nostradamus
Cet enfant connaîtra la mort et le massacre
Jusqu'au jour où enfin il recevra le sacre.
Il doit s'y préparer, car l'Histoire est cruelle
Et ses tribulations souvent se renouvellent.

Catherine de Médicis
Voyons donc, cher enfant, pourquoi n'avoir rien dit
Aux malheurs effrayants que prédit notre ami?
Donnez-nous votre avis sur notre discussion.

Charles IX
Qu'avez-vous retenu de la conversation ?

Henri de Navarre se lève
et en sautillant chante sur l'air de Gavroche :

Un jour je serai roi
C'est la faute à la loi,
Je port'rai la couronne
C'est la faute à personne. (bis)

Léon Zitrone
Mesdames et messieurs, Michel de Nostredame
A-t-il à cet enfant transmis un peu de flamme ?
Le petit de Bourbon nous annoncerait-il
La révolution et de nos rois l'exil ?

Le Génie
Tard arrivé, l'exécution faite,
Le vent contraire, lettres au chemin prises,
Les conjurés quatorze d'une secte,
Par le Rousseau senez les entreprises.

Henri de Navarre
Je suis tombé par terre
C'est la faute à Voltaire.
Je suis dans le ruisseau
C'est la faute à Rousseau. (bis)

Le chœur reprend la chanson de Gavroche.

Au cours de cette année 1986 si riche en événements « nostradamiques », la venue de Jean-Paul II à Lyon va remettre mon exégèse sous les feux de l'actualité, puisque Nostradamus annonçait que le pape risquait d'être assassiné à Lyon, « cité que deux fleuves arrosent » (Lyon au confluent du Rhône et de la Saône).

Les médias rappellent cette prophétie de Nostradamus qui précisait que ce serait « un jour de Lucie ». Or, le 19 septembre est fêtée sainte Lucie d'Écosse. On demande au pape ce qu'il pense de cette prophétie de Nostradamus. Il répond qu'il ne connaît pas ce personnage ! Mais il déplace la date de sa venue au 4 octobre !

Première prise en compte de la prophétie. Il va y en avoir une deuxième : le préfet de police de Lyon, tout en proclamant sur les ondes : « Moi, Nostradamus, je m'assieds dessus », va mettre la ville de Lyon en état de siège (dix mille hommes, hélicoptères, etc.) et la faire passer au peigne fin ainsi que les environs et les trajets que le pape doit emprunter. On ne sait jamais... Tout attentat devient impossible. Grâce à cette fouille minutieuse, les services de sécurité découvrent une bombe sous le pont La Fayette et un lance-roquette dans les bois de Dardilly. Nostradamus écrivait : « Ton mal viendra au joint de Saône et Rhône dans bois cachés soldats jour de Lucie... »

La partie positive et heureuse de la prophétie s'est réalisée ; le pape est bien venu à Lyon ; mais la partie catastrophe a été évitée parce que la prophétie a été prise en compte par les pouvoirs responsables de l'histoire des hommes, belle illustration du *libéral arbitre* dont parle Nostradamus dans sa préface. Ce n'est pas « le poilu » qui a décidé de la guerre de 1914-1918 !

En septembre, quelques jours avant la venue du pape, Jean-Claude Bourret organise un face-à-face à Lyon entre Mgr Decourtray, évêque de la capitale des

Gaules, et moi-même. J'affirme qu'il ne se passera rien de dramatique puisque Jean-Paul II ne sera pas à Lyon un « jour de Lucie ». Dans la foulée, je dis la même chose à Patrick Poivre d'Arvor qui vient de m'inviter à son émission du dimanche *À la folie, pas du tout*.

Il n'y a donc eu aucune erreur dans ma traduction, comme on me l'a reproché. Malheureusement, la plupart des événements graves annoncés se réalisent parce que l'avertissement n'est pas écouté, comme, par exemple, le 11 septembre dont la mise en garde du 23 mai 1999 a été combattue ; le rejet de la prophétie en a assuré la réalisation.

De nombreux témoignages positifs m'ont été manifestés par des gens prestigieux et de bords très différents, et dont je publie ici les principaux.

Afin de ne donner aucune préférence à un tel ou un tel, je les classe chronologiquement.

Décembre 1981. Salon du livre de Montréal : je suis sur le stand de mon éditeur canadien, France-Amérique ; un homme se présente : « Je suis grand maître du Grand Orient de Montréal. Monsieur de Fontbrune, en atelier nous avons étudié votre travail sur Nostradamus ; ce que vous avez fait est remarquable ! » Superbe échange avec ce monsieur qui, contrairement aux francs-maçons français, s'est présenté comme tel.

13 août 1982. Je reçois de la RTBF, à la suite de ma participation à l'émission *Rencontre*, une lettre de son animatrice, Michèle Cédric : « En cette période de vacances, nous rediffusons certaines des meilleurs émissions de l'année. Nous sommes heureux de vous annoncer que l'entretien auquel vous avez participé repassera sur la

première chaîne de la RTBF le jeudi 26 août 1982 à 16 heures... »

5 novembre 1982. « Cher monsieur, je vous remercie d'avoir participé à *Parenthèses*. Nous en gardons le meilleur souvenir et souhaitons d'autres occasions de rencontre ; amitiés. » Jacques Chancel.

12 décembre 1982. « Veuillez croire, cher monsieur, à l'admiration que j'ai pour votre grand talent. » Léopold Sédar Senghor, agrégé de grammaire française, académicien.

19 janvier 1983. Après une conférence faite salle Gaveau, rue La Boétie à Paris pour « Les grandes conférences du *Figaro* » : « Laissez-moi profiter de l'occasion pour vous dire tout le plaisir que j'ai eu à vous écouter. » Michel Droit, académicien.

19 mars 1986. En réponse à mon livre *La Comète et les Prophéties*, dans lequel je dénonçais les superstitions attachées aux comètes, Jean Lacroux, journaliste scientifique à la revue *Ciel et Espace* de la Société française d'astronomie, m'écrit : « J'ai lu votre livre et l'ai apprécié. Vous informez et vous démystifiez. Rien de tout cela n'est indifférent et cela devait être dit. J'ai toujours apprécié les efforts des "astrologues scientifiques", curieux de dénouer les fils qui nous rattachent aux astres : tout influe sur tout. Mais je ne crois pas aux tireurs d'horoscopes à 100 francs. Merci encore, bien vôtre. »

15 décembre 1999. Au retour du Salon du livre de Pau : « L'envoi de votre remarquable livre (souligné par l'auteur de la lettre) sur Nostradamus m'a profondément touché. Vous avez non seulement un grand talent, mais également de la gentillesse et de la courtoi-

sie. » André Labarrère, ancien sénateur maire de Pau, agrégé d'histoire.

18 janvier 2000. « Je vous remercie de m'avoir adressé votre très pédagogique *Vie et prophéties de Nostradamus*. C'est aussi une belle leçon d'histoire. » André Vallet, ancien sénateur maire de Salon-de-Provence.

HOROSCOPE DE JEAN-CHARLES DE FONTBRUNE
dressé par le médecin qui l'a mis au monde

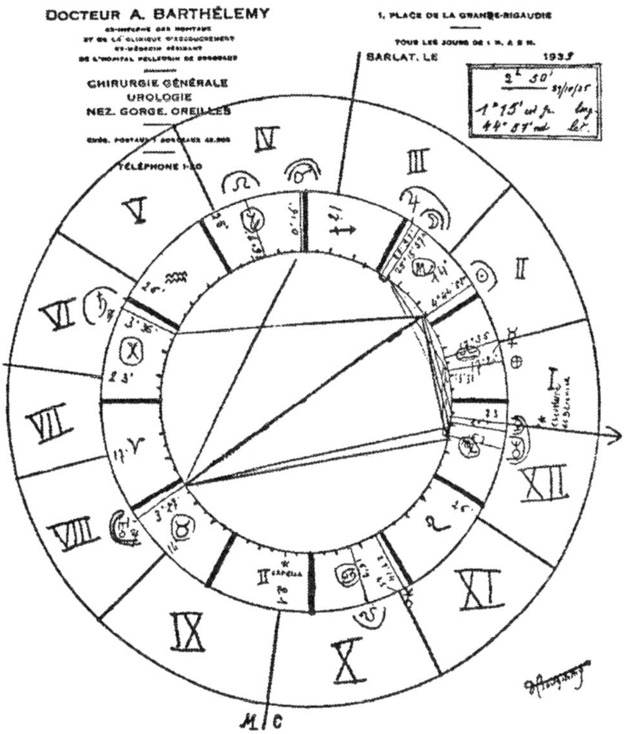

Analyse de la carte du ciel – 1935
JEAN-LA VIERGE-MERCURIEN-POSITIVISTE
Né à 2 h 50 – 1° 15' de longitude – 44° 57' de latitude
(Les mots ou passages <u>soulignés</u>
l'ont été par le médecin lui-même)

– Signe humain, spirituel et subtil.

– LA VIERGE. Sur le plan mental, l'âme est lumineuse, douée d'un grand sens de la justice, comme d'une grande fidélité à ses amis ; on est parfois porté à attribuer trop d'importance aux petites choses. La personne est honnête, d'un commerce agréable, de bon caractère, d'une volonté résolue, mais capable de changer son orientation sous l'emprise de la persuasion. L'esprit est merveilleusement doué, ingénieux, soutenant ses opinions avec une grande ténacité.

Ce signe inculque l'amour des beaux-arts, de l'histoire, de la littérature, de l'art dramatique : il rend le sujet éloquent, persuasif, d'une grande richesse verbale, également capable d'aborder le côté théorique et pratique des sciences.

(NOTA : en astrologie horaire influence « Jérusalem » et l'Asie.)

– La Vierge a presque la même signification que les Gémeaux, autre domicile de Mercure, si ce n'est qu'elle donne au sujet plus de goûts pour les soins domestiques. Elle rend l'homme ingénieux, véritable et magnanime, bien qu'ambitieux et aussi peu secret de ses propres affaires que discret au sujet de celles des autres. Le sujet est juste et bon et se crée de nombreux amis.

– Mercure est nerveux et devient le principal facteur des qualités mentales de l'intelligence, de l'ingéniosité, de l'invention, des facultés de l'esprit nécessaires pour l'étude des sciences, des lettres et des arts.

Il est bien disposé, il accorde un esprit vif, vigoureux, actif, curieux, une imagination puissante, une mémoire tenace et développée ; il donne aussi le désir de savoir, de s'instruire, d'étudier ; il fait les orateurs, les professeurs, les philosophes et les inventeurs.

Aucun homme ne peut devenir éminent dans la vie et posséder de réelles qualités d'esprit, si Mercure dans l'horoscope ne se trouve exempt des mauvais aspects des maléfiques.

Or Mercure reçoit dans ce thème des aspects très favorables que nous verrons ci-après :

– Mercure conjoint au Soleil, le sujet sera propre aux affaires.

– Mercure élevé au-dessus de la Lune, les facultés de l'esprit l'emporteront sur les facultés sensitives.

– Mercure favorablement configuré avec le Milieu du Ciel indique des occupations littéraires ou scientifiques concernant les livres, les écrits ou quelque profession aisée et facile nécessitant une intelligence vive, active et primesautière.

– Mercure dans la Balance : une taille élevée avec un corps bien fait, chevelure blonde, teint coloré, âme juste et vertueuse, prudent et équitable et capable d'acquérir de belles et nombreuses qualités.

– Mercure en maison II annonce des succès littéraires qui ont pour résultat la fortune et la prospérité (à mon fils César...).

– Soleil en maison II fortune constante et fidèle avec une tendance à la prodigalité.

– Lune en maison III nombreux et heureux petits voyages ; excellents rapports avec la parenté et les voisins ; esprit studieux.

– Jupiter en maison III promet des gains assurés par les écrits, la correspondance, le voisinage et la parenté ; il a dans cette maison une heureuse influence sur l'esprit et le caractère.

– Vénus en maison XII, c'est encore le succès.

– Neptune en maison XII il expose à des accidents causés par les grands animaux.

3 CONJONCTIONS –
3 TRIGONES –
3 SEXTILES
ET 3 DEMI-SEXTILES :
Toutes configurations les plus bénéfiques.

Bibliographie

Jean-Charles de Fontbrune
Membre de la Société des gens de lettres
Membre de la Société civile des auteurs multimédia (SCAM)
Membre de la Société des auteurs et compositeurs dramatiques (SACD)

• *Nostradamus, historien et prophète*, éditions du Rocher, Monaco, 9 octobre 1980. Tirage de tête : 200 exemplaires numérotés de 1 à 200, constituant l'édition originale. Édition club : France-Loisirs, 1982. Édition avec couverture en Skivertex noir tirée à 6 000 exemplaires, éditions du Rocher, 1981. Édition poche : Presses Pocket, Paris, 1982.

ÉDITIONS ÉTRANGÈRES :

Canada : Éditions France-Amérique, Montréal, 1981.

Espagne : Barcanova, Barcelone, 1981 (de 1981 à 1991 : 13 éditions). Édition spéciale : Caja de Ahorros de la Immaculada, Barcanova, 1982. Édition Club : Circulo de Lectores, 1982.

Portugal : Editorial Presença, Lisbonne, 1981.

Allemagne : Paul Zsolnay verlag, Wien et Hamburg, 1981. Édition club : C.A. Koch's Verlag Nachf., Berlin, 1982.

Grande-Bretagne et pays du Commonwealth : Hutchinson Books, Londres, 1982. Format de poche : Pan Books, Londres et Sydney, 1984.

États-Unis : Holt, Rinehart and Winston, New York, 1983.

Amérique Latine : Editora Nova Fronteira, Rio de Janeiro, 1982. Édition club : Circulo do Livro S.A., Sao Paulo, Brésil, 1984.

Turquie : Milliyet Yayinlari, Istanbul, 1982.
Grèce : Plipper Books Ltd, Athènes, 1983.

• *Nostradamus, historien et prophète*, tome II : *Lettre à Henry, roy de France second, Nouvelles prophéties, les preuves*, éditions du Rocher, Monaco, 1982. Tirage de tête de 200 exemplaires numérotés de 1 à 200 constituant l'édition originale.

ÉDITIONS ÉTRANGÈRES :

Italie : *Nostradamus, nuovi testi, nuove profezie, nuove prove.* Mondadori, Milan, 1983.

Grande-Bretagne : *Nostradamus 2, into the Twenty-First Century.* Hutchinson, Londres, 1984.

Espagne : *Nuevas Profecias De Nostradamus, Carta à Enrique, rey des Francia secundo, pruebas des las profecias cumplidas desde octubre de 1980.* Juan Granica, Barcelone, 1983.

Amérique Latine : *Nostradamus Historiador et Profeta – Vol. II.* Nova Fronteira, Rio de Janeiro, 1983.

États-Unis : *Nostradamus 2, into the Twenty-First Century.* Henry Holt and Company, New York, 1987.

• *Les Prophéties de Malachie, histoire et prophétie des papes*, éditions du Rocher, Monaco, 1984. Tirage de tête de 111 exemplaires numérotés de 1 à 111, constituant l'édition originale. Le numéro 110 a été offert au pape Jean-Paul II et le numéro 111 est réservé à son successeur.

ÉDITIONS ÉTRANGÈRES :

Canada : Édition Libre Expression, Montréal, 1984.

Espagne : *La Profecia de los Papas.* Martinez Roca, Barcelone, 1985. Édition spéciale réservée aux libraires (50 exemplaires) couverture Skyvertex rouge, novembre 1985.

Italie : *Le Profezie dei Papi.* Armenia, Milan, 1986.

Portugal et Amérique Latine : *Historia et Profecia dos Papas.* Publicaçoes Europa-America, Portugal, 1985.

• *La Comète et les Prophéties*, Michel Lafon, Paris, 1986.

Espagne : *Los Cometas et los profecias.* Martinez Roca, Barcelone, 1986.

• « Le message d'espoir de Nostradamus » in *L'Âge d'Or* n° 1, éditions Pardes, 61300 L'Aigle, hiver 1983.

• « Nostradamus et Salon-de-Provence » in *Agenda du pays salonais*, Librairie Le Livre de France, Salon-de-Provence, 1991.

• « Nostradamus historien et prophète » in *Agenda du pays salonais*, Librairie Le Livre de France, Salon-de-Provence, 1992.

• *Henry Miller et Nostradamus, entretiens sur la fin d'un monde*, éditions du Rocher, Monaco, 1994.

• *Nostradamus, nouvelles prophéties (1995-2025)*, Ramsay, Paris, 1995. Édition club : Succès du livre, 1996.

ÉDITIONS ÉTRANGÈRES :
Corée : Inner World publishing, 1996.
Espagne : Martinez Roca, Barcelone, 1996.
Portugal : Livros de Vida, 1996.
Brésil : Nova Era, Rio de Janeiro, 1997.
Italie : Arnoldo Mondadori, Milan, 1996. Coll. « Nuevo misteri », 1997.
Allemagne : VPM Verlagsunion, Rastatt, 1996.

• *Monsieur de Nostradamus, biographie*, Ramsay, Paris, 1997. Édition club : Succès du livre, 1997.

• *Nostradamus, vie et prophéties*, L'Archipel, Paris, 2000.
Édition grecque : ΕΜΠΕΙΡΙΑ, 2001.

• *Nostradamus aura-t-il raison ?*, éditions du Rocher, Monaco, 2003.
Édition bulgare : Ciela Soft and Publishing, 2007.

• *La Prophétie du nouveau pape*, éditions du Rocher, Monaco, 2005.

• *450 ans d'Histoire prédits par Nostradamus*, Privat, Toulouse, 2006.

Jean-Charles de Fontbrune et les médias

Documents radiophoniques, télévisuels et cinématographiques

TF1, *Temps X, Les prophéties de Nostradamus*, Jean-Yves Casgha.

Film : *Nostradamus 1999*. Produit par David L. Wolper, un film de Robert Guenette, avec Orson Welles et Richard Butler dans le rôle de Nostradamus. Warner Bros., 1981. Traduit par Laura Verber et adapté par Jean-Charles de Fontbrune. Diffusé en France en cassette vidéo par Warner Home Vidéo en 1982.

Émissions de radio

Avec comme invité Jean-Charles de Fontbrune.

France Inter, *Tribune de l'Histoire* : « Nostradamus : la vérité ». Une évocation d'Alain Decaux, avec André Castelot et Jean-François Chiappe, réalisée par Georges Gravier, diffusée sur France Inter le 3 octobre 1981.

France Culture, *Agora*, Olivier Germain-Thomas, 1981.

Europe 1, Michel Drucker – Jean-Pierre Elkabbach, 1981.

France Inter, Marcel Jullian. *Journal de 13 heures*, 1981.

Parenthèses, Jacques Chancel, 1981. Jean-Charles de Fontbrune invité à l'émission par Juliette Gréco.

Le Tribunal des flagrants délires, Claude Villers, Pierre Desproges et Luis Rego.

Le 12-14, Didier Hadès, 25 août 1981.

Rien à cirer, Laurent Ruquier.

RTL, *Les Grosses Têtes*, Philippe Bouvard.

Émissions de télévision

Avec la participation de Jean-Charles de Fontbrune.

Antenne 2, Jean Lanzi, émission *Delta*, 29 décembre 1978. Invités : André Fontaine, Évelyne Sullereau, Thierry de Montbrial.

Antenne 2, Jean Lanzi, émission *Delta*, 1980. Invités : Raymond Oliver, Michel Oliver, Bruno Oliver.

FR3, Arthur Conte, *Histoire*, « Nostradamus », réalisation Jacques Cornet. 20 octobre 1978.

Antenne 2, Bernard Pivot, *Apostrophes*, « Bizarre, vous avez dit bizarre », enregistrée le 16 juin 1981, diffusée le 20 août 1981. Invités : Jean Raspail, Jean-Claude Carrière, Guy Bechtel, Barret et Gurgand.

Antenne 2, Philippe Bouvard, *Passez donc me voir*, 1981.

Antenne 2, *Les Dossiers de l'écran*, « Voyance et prophéties », animés par Alain Jérôme. Invités : le père Vernet, Yaguel Didier.

Antenne 2, *Les Dossiers de l'écran*, « Catherine de Médicis », animés par Paul Amar. D'après l'œuvre de Jean Orieux. Première partie diffusée le 18 avril 1989 et la deuxième partie le 19 avril 1989.

France 2, Bernard Pivot, *Bouillon de culture*, « Nostradamus », 23 mai 1999.

France 2, Laurent Ruquier, *On a tout essayé*, 2005.

France 2, Stéphane Bern, *Secrets d'Histoire*, 2007.

Cassettes vidéo

Avec la participation de Jean-Charles de Fontbrune.

Nostradamus l'avait prédit, Les dossiers de Jean-Paul Rouland, A.C. Production, 1991.

Nostradamus, National Geographic, 2006.

Quarante personnages mystérieux, TF1, mars 2007.

Documentaire de 40 minutes par Story House Production pour la BBC, et les chaînes allemandes ZDF et Pro Sieben, Berlin, juin 2007.

TABLE DES MATIÈRES

Cet ouvrage a été imprimé par
CPI Firmin Didot à Mesnil-sur-l'Estrée
pour le compte des Éditions du Rocher
en janvier 2009

Éditions du Rocher
28, rue Comte-Félix-Gastaldi
Monaco

Imprimé en France
Dépôt légal : février 2009
N° d'édition : 6396
N° d'impression : 93712